佛典密意系列

《无边庄严会》密意

谈锡永◎著

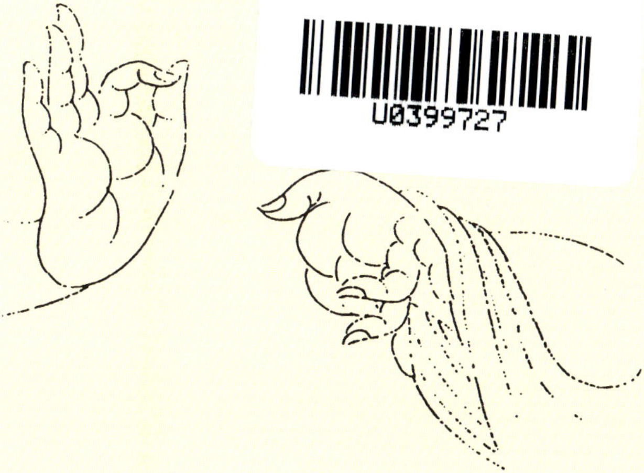

复旦大学出版社

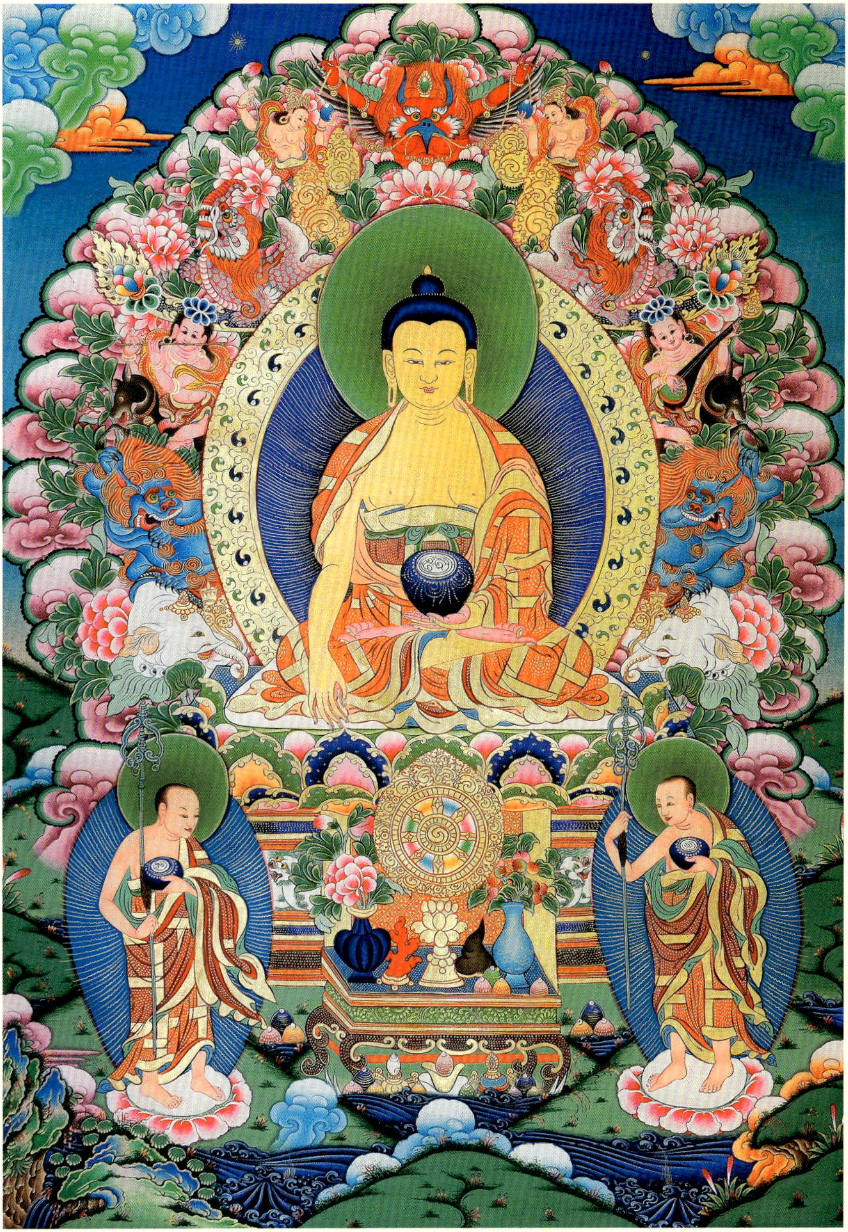

释迦牟尼

目录

总序…… 001

引言…… 001
无上陀罗尼品第一…… 005
出离陀罗尼品第二…… 067
清净陀罗尼品第三…… 079
后说…… 116

总　序

一、说 密 意

“佛典密意”系列丛书的目的在于表达一些佛家经论的密意。什么是密意？即是“意在言外”之意。一切经论都要用言说和文字来表达，这些言说和文字只是表达的工具，并不能如实表出佛陀说经、菩萨造论的真实意，读者若仅依言说和文字来理解经论，所得的便只是一己的理解，必须在言说与文字之外，知其真实，才能通达经论。

《入楞伽经》有偈颂言：

> 由于其中有分别　名身句身与文身
> 凡愚于此成计著　犹如大象溺深泥[①]

这即是说若依名身、句身、文身来理解经论，便落于虚妄分别，由是失去经论的密意、失去佛与菩萨的真实说。所以在《大涅槃经》中，佛说“四依”（依法不依人、依义不依语、依智不依识、依了义不依不了义），都是依真实而不依虚妄分别，其中的“依义不依语”，正说明读经论须依密意而非依言说文字作理解。佛将这一点看得很严重，在经中更有颂言：

---

① 依谈锡永译：《入楞伽经梵本新译》，第二品，颂172，台北：全佛文化，2005年。

彼随语言作分别　即于法性作增益
以其有所增益故　其人当堕入地狱①

这个颂便是告诫学佛的人不应依言说而诽谤密意，所以在经中便有如下一段经文：

世尊告言：大慧，三世如来应正等觉有两种教法义(dharma-naya)，是为言说教法(deśanā-naya)、自证建立教法(siddhānta-pratyavasthāna-naya)。

云何为言说教法之方便？大慧，随顺有情心及信解，为积集种种资粮而教导经典。云何为观修者离心所见分别之自证教法？此为自证殊胜趣境，不堕一异、俱有、俱非；离心意意识；不落理量、不落言诠；此非堕入有无二边之外道二乘由识观可得尝其法味。如是我说为自证。②

由此可知佛的密意，即是由佛内自证所建立的教法，只不过用言说来表达而已。如来藏即是同样的建立，如来法身不可思议、不可见闻，由是用分别心所能认知的，便只是如来法身上随缘自显现的识境。所以，如来法身等同自证建立教法，显现出来的识境等同言说教法，能认知经论的密意，即如认知如来法身，若唯落于言说，那便是用"识观"来作分别，那便是对法性作增益，增益一些识境的名言句义于法性上，那便是对佛密意的诽谤、对法性的损害。

这样，我们便知道理解佛家经论密意的重要，若依文解字，便是将识境的虚妄分别，加于无分别的佛内自证智境上，将智境增益名言句义而成分别，所以佛才会将依言说作分别看得这么严重。

① 依谈锡永译：《入楞伽经梵本新译》，第三品，颂34。
② 同上书，第三品，第151页。

二、智 识 双 运

由上所说，我们读经论的态度便是不落名言而知其密意，在这里强调的是不落名言，而不是摒除名言，因为若将所有名言都去除，那便等于不读经论。根据言说而不落言说，由是悟入经论的密意，那便是如来藏的智识双运，亦即是文殊师利菩萨所传的不二法门。

我们简单一点来说智识双运。

佛内自证智境界，名为如来法身。这里虽说为“身”，其实只是一个境界，并非有如识境将身看成是个体。这个境界，是佛内自证的智境，所以用识境的概念根本无法认知，因此才不可见、不可闻，在《金刚经》中有偈颂说：

若以色见我　以音声求我
是人行邪道　不能见如来

色与音声都是识境中的显现，若以此求见如来的法身、求见如来的佛内智境，那便是将如来的智境增益名言，是故称为邪道。

如来法身不可见，因为遍离识境。所以说如来法身唯藉依于法身的识境而成显现，这即是依于智识双运而成显现。经论的密意有如如来法身，不成显现，唯藉依于密意的言说而成显现，这亦是依于智识双运而成显现。如果唯落于言说，那便有如“以色见我，以音声求我”。当然不能见到智境、不能见到经论的密意。不遣除言说而见密意，那便是由智识双运而见，这在《金刚经》中亦有一颂言（义净译）：

应观佛法性　即导师法身
法性非所识　故彼不能了

是即不离法性以见如来法身（导师法身），若唯落识境（言说），便不能了知法性，所谓不离法性而见，即是由智识双运的境界而见，这亦是不二法门的密意，杂染的法与清净的法性不二，即是于智识双运的境界中法与法性不二。

然而，智识双运的境界，亦是如来藏的境界，我常将此境界比喻为荧光屏及屏上的影像：荧光屏比喻为如来法身，即是智境；法身上有识境随缘自显现，可比喻为荧光屏上的影像，即是识境。我们看荧光屏上的影像时，若知有荧光屏的存在，那便知道识境不离智境而成显现（影像不离荧光屏而成显现），因此无须离开影像来见荧光屏（无须离开言说来见密意），只需知道荧光屏唯藉影像而成显现（密意唯藉言说而成显现），那便可以认识荧光屏（认识经论的密意）。这便即是"应观佛法性，即导师法身"，也即是"四依"中的"依义不依语"、"依智不依识"、"依了义不依不了义"。

简单一点来说，这便即是"言说与密意双运"，因此若不识如来藏，不知智识双运，那便不知经论的密意。

三、略说如来藏

欲知佛的密意须识如来藏，佛的密意其实亦说为如来藏。支那内学院的学者吕澂先生，在《入楞伽经讲记》中说：

> 此经待问而说，开演自证心地法门，即就众生与佛共同心地为言也。
>
> 自证者，谓此心地乃佛亲切契合而后说，非臆测推想之言。所以说此法门者，乃佛立教之本源，众生入道之依处。[1]

由此可见他实知《入楞伽经》的密意。其后更说：

> 四门所入，归于一趣，即如来藏。佛学而与佛无关，何贵此学，

---

① 《吕澂佛学论著选集》卷二，齐鲁书社，1991年，第1217页。

故四门所趣必至于如来藏，此义极为重要。[①]

所谓“四门”，即《入楞伽经》所说的“八识”、“五法”、“三自性”及“二无我”，吕澂认为这四门必须归趣入如来藏，否则即非佛学，因此他说：

> 如来藏义，非楞伽独倡，自佛说法以来，无处不说，无经不载，但以异门立说，所谓空、无生、无二，以及无自性相，如是等名，与如来藏义原无差别。[②]

佛说法无处不说如来藏、无经不载如来藏，那便是一切经的密意、依内自证智而说的密意；由种种法异门来说，如说空、无生等，那便是言说教法，由是所说四门实以如来藏为密意，四门只是言说。

吕澂如是说四门：

> 前之四法门亦皆说如来藏，何以言之？八识归于无生，五法极至无二，三性归于无性，二空归于空性，是皆以异门说如来藏也。

这样，四门实在已经包括一切经论，由是可知无论经论由哪一门来立说，都不脱离如来藏的范限。现在且一说如来藏的大意。

认识如来藏，可以分成次第：

一、将阿赖耶识定义为杂染的心性，将如来藏定义为清净的心性，这样来理解便十分简单，可以说心受杂染即成阿赖耶识，心识清净即成如来藏心。

二、深一层次来认识，便可以说心性本来光明清净，由于受客尘所染，由是成为虚妄分别心，这本净而受染的心性，便即是如来藏藏识。本来清净光明的心性，可以称为如来藏智境，亦可以称为佛性。

三、如来藏智境实在是一切诸佛内自证智境界，施设名言为如来法身。如来法身不可见，唯藉识境而成显现。这样，藉识境而成显现的

---

① 《吕澂佛学论著选集》卷二，齐鲁书社，1991 年，第 1261 页。
② 同上。

佛内自证智境便名为如来藏。

关于第三个次第的认识，可以详说：

如来法身唯藉识境而成显现，这个说法，还有密意。一切情器世间，实在不能脱离智境而显现，因为他们都要依赖如来法身的功能，这功能说为如来法身功德。所以正确地说，应该说为：如来法身上有识境随缘自显现，当这样说时，便已经有两重密意：（1）如来法身有如来法身功德；（2）识境虽有如来法身功德令其得以显现，可是还要“随缘”，亦即随着因缘而成显现，此显现既为识境，所依处则为如来法身智境，两种境界双运，便可以称为“智识双运界”。

什么是“双运”？这可以比喻为手，手有手背与手掌，二者不相同，可是却不能异离，在名言上，即说二者为“不一不异”，他们的状态便称为双运。

如来法身智境上有识境随缘自显现，智境与识境二者不相同，可是亦不能异离，没有一个识境可以离如来法身功德而成立，所以，便不能离如来法身而成立，因此便说为二者双运，这即是智识双运。

如来法身到底有什么功能令识境成立呢？第一，是具足周遍一切界的生机，若无生机，没有识境可以生起，这便称为“现分”；第二，是令一切显现能有差别，两个人，绝不相同，两株树，亦可以令人分别出来，识境具有如是差别，便是如来法身的功能，称为“明分”，所谓“明”，即是能令人了别，了了分明。

智境有这样的功能，识境亦有它自己的功能，那便是“随缘”。“随缘”的意思是依随着缘起而成显现。这里所说的缘起，不是一般所说的“因缘和合”，今人说“因缘和合”，只是说一间房屋由砖瓦木石砌成；一只茶杯由泥土瓷釉经工人烧制而成，如是等等。这里说的是甚深缘起，名为“相碍缘起”，相碍便是条件与局限，一切事物成立，都要适应相碍，例如我们这个世间，呼吸的空气、自然界的风雷雨电，如是等等，都要适应。尤其是对时空的适应，我们是三度空间的生命，所以我们必须成为立体，然后才能够在这世间显现。这重缘起，说为甚深秘密，轻易不肯宣说，因为在古时候一般人很难了解，不过对现代人来说，这缘起便不应该是什么秘密了。

这样来认识如来藏，便同时认识了智识双运界，二者可以说为同义。于说智识双运时，其实已经表达了文殊师利法门的“不二”。

四、结　　语

上面已经简略说明密意、智识双运与如来藏，同时亦据吕澂先生的观点，说明“无经不载如来藏”，因此凡不是正面说如来藏的经论，都有如来藏为密意，也即是说，经论可以用法异门为言说来表达，但所表达的密意唯是如来藏（亦可以说为唯是不二法门），因此我们在读佛典时，便应该透过法异门言说，来理解如来藏这个密意。

例如说空性，怎样才是空性的究竟呢？如果认识如来藏，就可以这样理解：一切识境实在以如来法身为基，藉此基上的功能而随缘自显现，显现为“有”，是即说为“缘起”，缘起的意思是依缘生起，所以成为有而不是成为空。那么，为什么又说“性空”呢？那是依如来法身基而说为空，因为释迦将如来法身说为空性，比喻为虚空，还特别声明，如来法身只能用虚空作为比喻，其余比喻都是邪说，这样一来，如来法身基（名为“本始基”）便是空性基，因此在其上显现的一切识境，便只能是空性。此如以水为基的月影，只能是水性；以镜为基的镜影，只能是镜性。能这样理解性空，即是依如来藏密意而成究竟。

以此为例，即知凡说法异门实都归趣如来藏，若不依如来藏来理解，便失去密意。因此，本丛书即依如来藏来解释一些经论，令读者知经论的密意。这样来解释经论，可以说是一个尝试，因为这等于是用离言来解释言说，实在并不容易。这尝试未必成功，希望读者能给予宝贵意见，以便改进。

談錫永

2011 年 5 月 19 日七十七岁生日

引 言

《大宝积经》内容丰富，含有说密乘的经典，本经即是其一。

其实在释迦时代，并无显密的分别。释迦说观修，多说陀罗尼门。陀罗尼（dhāraṇī）译为“总持”，有总持一法门的意思，在形式上便成为咒语。行者在念诵这些咒语时，便由咒语而能总摄法义，也即是说，咒语有如略文，由略文即能表出法门的密意。于诵咒时，又有观想，因此行人便能依法门的密意来修习。在释迦时代并没有人将此分别为密法，假如要分别，便只能这样说：修陀罗尼门的人是修密，相对来说，不依陀罗尼门观修，就不能称为修密。到了后世，便分为显密两门。所以笔者童年时，佛门的大德便这样说：持经的是显宗，持咒的是密宗。这样的分别非常简单，但却很实际。因为持咒便是修陀罗尼门，若不依陀罗尼门的修法来持咒，便只是形式。

《无边庄严会》即是说陀罗尼门的经典，可以将其视为释迦演密法，故亦可以视其为密续，所以本经便只称为《无边庄严会》，未说为《无边庄严经》。

全经主要是说三陀罗尼门：

佛家的观修，分境、行、果，亦称为基、道、果。如果将行再分为修与行，那么此三者又可以分别为四，称为见、修、行、果。这三陀罗尼门即是按境、行、果来说。

对于“境”，须要稍作解释，境的梵文是 artha，梵文一词多义，所以 artha 可以译为“境”，又可以译为“义”，还可以译为“事”。在识境中，一切法成为事，由此出现一个境界，这个境界必有表义，所以综合来说，就是

artha。行者观修，一定有一个所缘境，这个所缘境亦可以叫做所缘事，例如密乘行人观修坛城与本尊，这坛城本尊便成为事，然而，无论称之为事、称之为境，都有一个表义，此表义依观修者的见地而建立，是即可称为义。如观修者持空性见而观，那么这个所缘境便有空性义；如果观修者持唯识观而观，这所缘境便成为唯识义。对于境，须不离义来理解，倘若只将境界视之为客观的事，不持见地而观，那么便不是观修的所缘境。

本经建立的三陀罗尼门是：无上陀罗尼、出离陀罗尼、清净陀罗尼，依次摄境、行、果三者。

今先说无上陀罗尼，此即说无上见地，此见地称为无边智慧。说“无边”，并非是说这个法门的涵盖面广大，大至无边，实在是说，不落一切边，因此无边。读本经须先理解此重密意。其实不只本经，在了义经中，于说“无边”时，许多时候都是依密意来说，即说离一切边际。如《华严经·十地品》言：“我应令彼住广大心，无量无边诸佛道法，所谓无上大乘。”这里所说的无边，即须依离一切边际来理解，因为无上大乘实在是离边际的诸佛道法。

次说出离陀罗尼，是说依无上见地来观修，即可出离一切世间，亦即出离一切识境，由是现证无边智慧。这里说的是出离一切世间，并非只是出离我们这个世间。所谓出离，并非是离开。释迦在我们这个世间成佛，并没有离开我们这个世间，但却不能因此便说释迦没有出离世间，只能说他没有离开我们这个世间。由是即能理解，出离并不等于离开，住在我们的世间中，当得无边智果时，我们这个世间的名言概念尽，如是即说为出离，所以出离，是离一切识境、离一切世间所建立的名言与句义。

最后说清净陀罗尼，是观修果，出离一切识境即是清净。既离识境，便即是离言说，因此即能离佛言说，依佛密意，通达佛所说的一切法门，如是能不落言说而知密意、观修密意、得密意果，这便是清净陀罗尼门的观修果。

由是可知，三陀罗尼门分说基、道、果，若依密乘的观点，这三陀罗尼便分别是基续、道续、果续。基、道、果三者皆依佛的密意而相续，便能总持佛的密意，这正是本经的意趣。读者亦须依此来信解佛的密意。

概而言之，佛的无上密意即是如来藏。由文殊师利菩萨来说这法门，便是不二法门；由弥勒菩萨来说这法门的观修，便是瑜伽行；由观自在菩萨来说这法门的自在，便是《楞严经》所说的六根圆通。因此由本经的意趣，即能通达如来藏法门所涵盖的一切法异门，如说空性、无相、无愿、真如、实际，等等。

笔者对本经的疏释，只能视为简释，因为许多方面都可以成为专题，是故不能详说，读者须依笔者疏释的脉络，参考笔者其他译著，即可由此脉络认知本经所说的深刻内容。然而，疏释虽然较简，但亦已经将佛的密意说出来，这才是读本经时最需要理解的事。

本经流通不广，说本经的人甚少，因此一般人并不觉得本经重要，然若知本经能涵盖一切法门，便应知其重要性。在经中，不断强调通达三陀罗尼门的人，能对一切有情，善巧方便言说佛的异门教法，辩才无碍，即是强调这法门的无边。由不落一切边见，即能不落边而理解一切法异门，此亦即理解一切法异门的密意。如《大般若经》说："若由此真如施设一切陀罗尼门，即由此真如施设空解脱门。"由是即知陀罗尼门与空解脱门实为法异门，所以若要理解空的密意，便须要理解陀罗尼门的密意，当能正确理解时，便知道所谓"真如"到底是什么一回事。真如不仅是相，实在是依佛智而见的相，实即离识境而见的识境相。佛见世间一切事，当与我们所见并无不同，然而佛并不依世间的名言与句义而见，所以他可以见无明相，而不为无明所缚，凡夫则不同，依名言与句义而见，同时受名言与句义所缚，亦即受无明所缚。

譬如说"空"，若以一切诸法无自性是即为空，其实亦是边见，所以释迦在《般若》说，"空"亦是假施设。本经说"空"，以一切诸法的自性即是本性，是即为"空"，这才是"空"的究竟见，自性本性等等，只有用如来藏见地才能理解，这一点，留待在疏释中说明。

希望笔者简略的疏释，对读者认识佛的密意能有帮助。

无上陀罗尼品第一

大宝积经·无边庄严会

【疏】释题目。

《大宝积经》(*Mahā-ratnakūṭa-sūtra*)是唐代菩提流支(Bodhiruci)所编译的系列经典,共四十九部,称为四十九会。这系列经典属于方广部(vaīpulya)。

关于方广部的经,现在只将大乘经列入方广部,然而若依佛经十二分教来分类,则小乘的《长阿含经》,亦属于方广部。所以在十二分教中,方广部即包含长阿含经部、大集经部、华严经部、法华经部、宝积经部等。亦即在方广部中,包含各别系列的丛经,有如一系列一系列的丛书,所谓方广部,即是集合几种丛经而成一部。因此方广部一名,包含的经书甚广。

及至后世,则不依十二分教来订定方广部诸经,依许地山先生所言,尼泊尔所传的方广,分为九部,即:

一、八千般若颂(*Aṣṭasāhasrikā-prajñāpāramitā*)

二、华严行愿品(*Gaṇḍavyūha*)

三、华严十地品(*Dasabhūmīsvara*)

四、月灯三昧经(三摩地王经)(*Samādhirāja*)

五、楞伽经(*Laṅkāvatāra*)

六、妙法莲华经

七、佛说一切如来金刚三业最上秘密大教王经(*Saddharmapuṇḍarīka*)

八、普曜经(*Lalitavīstara*)

九、金光明经(*Suvarṇaprabhāsā*)

这里所说的九部，只是九部经，并非九个系列，由此可见，佛家对方广可能有两个传统，一是依经而定，一是依系列经典而定。若依汉传则为后者。

以系列经典来说，最早成立的，应该是《大集经》(*Mahāsannipāta*)，一般认为这系列经典的传播，甚至比般若经系列还要早，这系列经典在汉代已经有翻译。接着《大集经》传播的方广部，即是《大宝积经》。

《大宝积经》四十九会，最早有六朝时候的翻译。菩提流支将前代翻译收集，并加上自己的新译，成为目前所传的形式，分为一百二十卷，但这恐怕并不是梵本的原来形式。据说梵本《大宝积经》的卷数，跟"般若"系列的卷数相等，汉译的四十九会、一百二十卷，应该是菩提流支整理的结果。西藏传译的《大宝积经》，则是根据汉译整理而成，所以亦是四十九会。

《无边庄严会》是《大宝积经》中的第二会，分为三品，说三种陀罗尼。

经中问法的菩萨，是无边庄严菩萨，通常一经问法菩萨的名号，即是经中的主旨，因此这一会之所说，便是"无边庄严"。所谓"无边庄严"，只有用如来藏思想来理解才能究竟。如来法身不可见，唯藉识境而成显现，是即智识双运界。这些无量无边的识境，便是法界的无边庄严。庄严可以理解为装饰，也就是说，智境上随缘自显现的识境，在观修时，可以看成是智境(如来法身、佛内自证智境)的庄严，行者由观修庄严现证深般若波罗蜜多、现证不二法门、现证智识双运如来藏。所以弥勒菩萨有一篇论典，即名《现观庄严论》(*Abhisamayālaṃkāra-Śāstra*)。

这一会说法，即以说观修为主。若按密续的意趣，三品陀罗尼，可以分别看成是基续、道续、果续。所谓基、道、果续，即说行人观修的境、行、果。依见地安立所缘境，是即为境；持境而修，从而做抉择与决定，是即为道；由观修道而得证量，是即为果，行者住于果中观修，于是现证一法门的究竟见，如是相续，即成基、道、果续。此处所说极为简略，可参考不败尊者的《幻化网秘密藏续释·光明藏》，即能了知三密续义。

本经说三陀罗尼门，若依密乘的观点，即可以看成是释迦牟尼演说密续。三品陀罗尼的无上陀罗尼，即是基续，此中即依见地而安立观修境，是故以见为主；出离陀罗尼，即是道续，由观修而出离一切识境中的边见，亦同时出离唯乐于智境的边见，是故所说，即为如何离边之道；清净陀罗尼，即是果续，由观修而得清净，离一切边即是清净故，行者于现观清净境中，复依观修而现证清净果。此清净果可说为深般若波罗蜜多，亦可说为不二法门，亦可说为如来藏。

无上陀罗尼品第一之一

【疏】因为《无上陀罗尼品》是基续，是故所说即观修时所建立的抉择见，以及观修后所起的决定见。因此于抉择时，先认识迷乱相，并由观修而知，识境虽迷乱，但亦不离智境，如是即成决定，行者持决定见再作观修，即可回遮迷乱相，由是而成现观庄严。

在本品中，称为"无上"，即抉择见与决定见无上，所说其实已经蕴涵如来藏思想，但未说出"如来藏"这个名相，这即是初期大乘经典的特色。释迦于后期说大乘经典时，亦即三转法轮时，才出如来藏之名，说佛家极深密的究竟见，何以故？因为若不先行通达初期所说的大乘经典，知其密意，便对如来藏的说法容易误解。说如来藏为说究竟法，唯由佛的密意始能了知，因此不宜于初转大乘法轮时，即行宣说。

〔序分〕

【正文】如是我闻，一时佛住王舍城，迦兰陀竹林，与大比丘众及无量无数菩萨摩诃萨俱。此诸菩萨皆是一生补处，从异佛刹而来集会。尔时世尊，大众围遶供养恭敬，而为说法。

【疏】《大宝积经》诸经，释迦多在王舍城说法，这是显示经典的珍贵，是故称之为"宝"。

强调闻法的菩萨"皆是一生补处"，这是显示经典所说为甚深秘密法门，唯一生补处菩萨始堪闻法。这里又强调闻法的一生补处菩萨，是"从异佛刹而来集会"，即是显示释迦所说的三陀罗尼门，可以周遍一切佛刹，非只为我们的人间而施设，在这里，便隐含了大平等性的密意。

说大平等性，即周遍一切界而平等，在说如来藏时特别着重这点。宁玛派观修大圆满，即观修本初清净广大平等性。莲华生大士在《大圆满教授》中，强调于“大平等智中解脱”，才能说为“无事周遍大圆满”，由此可知悟入大平等性的重要。故本经显示异佛刹的大菩萨来问法，并非显示释迦的特异，而是显示说三陀罗尼门实依大平等性而说，所以一切世间的菩萨都来闻法。若不了知此密意，对本经便不能生胜解。

【正文】时彼众中有一菩萨名无边庄严，从座而起，偏袒右肩，右膝着地，向佛合掌而白佛言：世尊，我有少疑，今欲咨问，唯愿如来哀愍听许。

尔时佛告无边庄严菩萨摩诃萨言：善男子，如来应正等觉恣汝所问，当随汝疑而为解说，令汝欢喜。

【疏】下面即无边庄严菩萨问佛的旨趣，由此旨趣，可知所问为甚深法。

【正文】时无边庄严菩萨摩诃萨白佛言：世尊，我为趣求无边智慧，被精进甲。诸菩萨等求大方便善巧地者、趣无边义智善巧者、决定大智初发起者、于菩提道已安住者，世尊，我为如是诸菩萨故，请问如来，亦为利乐有情之类，心无等喻，思维诸法清净智义，甚深大智方便，简择得无量义善巧决定。为欲趣求大师子座，升一切智师子之座，正初发起勇猛勤修，获不退转，言词善巧，积集精进被甲胄者，为如是等诸菩萨故，请问如来。

【疏】全经所说，其实都是智识双运。对智识双运的认识，亦有次第，是即方便善巧。其初，即认识智悲双运。

无边庄严菩萨问佛，先问“趣求无边智慧”的方便善巧，是即以菩萨的自利（智），以及利他（识）为问。所问虽为发起，但其实已经问得很深，因为问法的目的，是希冀“趣求大狮子座，升一切智狮子座”。

无边庄严菩萨所问，是为获不退转的八地菩萨、言词善巧的九地菩萨、披甲精进的十地菩萨而问，如何能成佛果。

【正文】世尊，若有菩萨，于诸有情，愿欲超升到于彼岸，复有志求无碍无畏，住无畏中，方便随机演诸法义，善巧分别，不增不减。又于诸法本性自性如实宣扬。

世尊，复有趣入无等喻心，最胜之心及无上心，得自在故，为如是等请问如来。

世尊，若诸有情，求自然智及无师智，破无明壳，超于天人，最为殊胜希有，利乐一切世间，当欲趣求大智无畏，除自然智，欲示无边知见善巧，将说无量决定之法，欲以光照世间天人。

复有为诸众生，乐欲开示无上无碍大智，方便欲行，究竟清净智见，求一切智善巧地者。我今为彼诸菩萨故，欲问如来。

【疏】这里说不增不减，以及于诸法本性自性如实宣扬，然后说出入无等喻心，以至说求自然智，无上无碍大智，都是如来藏的意趣。

识境有生灭，然在智境中则无生无灭，是故不增不减。

求自然智及无师智，便即是求如来藏，唯有如来藏智，才可以说为自然智，因为他自然而然，本来存在，不由施设而成，同时亦非由师授而成，亦即不依上师的宗义而成。对于证自然智及无师智，佛亦只能示以“无边知见善巧”，以及“说无量决定之法”，并不能将这个智说出来，因为这个智已不落世间言说与思议。

如果要说这个智，则必须不离方便而说，因此本经将求此自然智的众生说为“乐欲开示无上无碍大智，方便欲行，究竟清净智见，求一切智善巧地者”，那即是说，他们须得“方便欲行”与“究竟清净智见”才能求得这“一切智善巧”，入“一切智善巧地”，由如来的密意而来得此“无上无碍大智”的显示。

以下的经文，无边庄严菩萨所问，即依上面所说的理趣而问；世尊所答，亦依上面的理趣而答。若不了知上面的理趣，则不得问答的密意。

于此理趣，可先做说明，以便理解。此中最重要的关键，在知“本性自性”。何谓“本性自性”，则须知何谓本性。

对于本性，可分智境与识境来说。

诸佛本性即是智境性，这一点无可诤论，因为如来法身即是诸佛内自证智境，此明见于《入楞伽经》及一切了义经所说。除智境性外，不能对佛加以任何本性。

至于识境，识境中一切法自性即是识境性。然而，此识境性亦必为诸佛本性。诸佛智境如镜，一切识境显现如镜影，由于镜影性必为镜性，所以识境性必为智境性，亦即必为诸佛本性。以此之故，识境中显现的一切法，若问其自性为何，最究竟的答案便是，一切法自性即诸佛本性，在名言上即说为本性自性。

再依法义来说，周遍一切界的识境，都依如来法身而成显现，亦即依智境而显现，所以都可以说为本性自性。这里没有说空性，如说空性时，亦必须说本性自性为空，这才是究竟说。此如对镜像说为空性，必须说他以镜性为自性，因为施设镜影为空性，是故镜像亦为空性，这说法才能究竟。假若拿着一个镜像，说这镜像依什么缘起而成显现，那便只能说这镜像如何成为有，但我们却常常误解，说他依缘起而成显现便是空性，那便不是由本性而说，只是我们对这镜影加以种种增益，由增益而说此为空，并且错误地将种种增益视为深密，这就不是究竟说，只是施设的增上，依此错见而做观修，一定落于边际。

经言无等喻心，即是如来藏大平等性心，无喻可喻此大平等性心，故名无等喻心。以无等喻故，亦可称为最胜心及无上心。

这里定义为本性的佛内自证智，说为自然智、无师智，即是说非由任何上师成立的智，由此便可知，佛内自证智实在是法尔的智，自然而然，本来如是，因此便不是依宗义而建立的智。

无边庄严菩萨即依此而问，如何现证此无碍大智。

【正文】 **世尊，若诸菩萨住是地已，速能圆满成如来地，及能证得不可思议方便善巧波罗蜜多。以少功用成熟众生，现前能得如是智慧，令诸众生舍离恶法、增长善法，示菩提道，诸佛种性，及能安立无量众生，于阿耨多罗三藐三菩提皆不退转。世尊，彼诸菩萨能开觉路，于佛法中令心欢喜，我为斯辈请问如来，世尊，此诸大众皆悉已集，说微妙法，今正是时。唯愿如来，开示演说如是法门，授诸菩萨，令得圆满不思议愿，及一生补处所有善根。**

【疏】 无边庄严菩萨所问，即是求释迦开示，菩萨住"一切智善巧地"陀罗尼门。所谓一切智善巧地，即能善巧方便成佛法门。这里说的地，应理解为法门，并非菩萨的地位。所以后来即问"善巧陀罗尼门"。

【正文】 **世尊，如是善巧陀罗尼门，如来随时应当授与，使诸菩萨能持无量法门理趣，善巧决定，及以言词演说诸义。复有志乐当证菩提，安住无边大神通业，成熟无量无数众生，摄受如来善巧之智。惟愿开示如是法门，当令众生证菩提道。**

世尊，往昔于长夜中已发弘誓，令无数众生安住佛智及自然智。如是陀罗尼门，应当演说，令诸菩萨成自善根，及以如来威加之力，持彼无上不思议愿。世尊、如来、应、正等觉，已证无量方便善巧，得不思议，住无畏地，了诸众生意乐差别，无量亿劫蕴诸觉慧。世尊，此诸大众瞻仰如来无时暂舍，于一切智智及诸法藏，志求不怠，欲乐无厌，愿闻如来决定之义。世尊安住一切智境，皆已知此诸菩萨愿，及发趣善巧成熟。世尊，是诸法门陀罗尼门，圆满句义，一切诸法决定善巧，如是法门，如来应说。令诸菩萨未成熟者悉令成熟，已成熟者速得神通及一切智心、解脱智见。世尊，若诸菩萨住不定地，是诸菩萨预闻法已，而得成就一切智境。

【疏】"诸法门陀罗尼门"，即是《解深密经》所说的"缘无量总法奢摩他毗钵舍那"，如经所言，菩萨作意"缘无量如来教法、无量法句文字、无量后后慧所照了”，如是而修止（奢摩他，śamatha）、观（毗钵舍那，vpaśyanā），菩萨由是住入“一切智善巧地”。

【正文】世尊，我以此缘敢申巨问，惟愿大慈，威加守护，摄诸菩萨，说如是法。世尊，于后末世诤论起时，执著有情更相贼害，三毒增长坏乱正法，令诸菩萨于彼时中，以大慈悲堪忍斯事，流布此法而无诤论。由顺无诤，则能摄受大慈大悲，及当积集诸善根力。

【疏】这里已预言，对于“如是法”，于末世会起诤论，所以时至今日，如来藏教法便受到诽谤，正面否定如来藏，将如来藏说为外道教法的人固然有，肯定如来藏，但却将如来藏教法说得不伦不类的人亦有，因此便须要依佛说的经典来澄清，例如本经。但对于经典，亦不能由文字、言说来理解，必须依其密意而说，这就是为难之处。但若对此法门不加以守护，便会“执著有情更相贼害，三毒增长坏乱正法”。由此，便知道理解密意的重要。

【正文】世尊，我今敢缘斯义，请问如来无碍法门决定之义。世尊，云何彼诸菩萨无量法门、法光明门，及一切法方便发起。复愿如来说不灭坏寂静法门，兼演无边微密法藏，具足成就，念力无断，降伏魔怨及诸异论，而不为彼之所摧伏。惟愿如来演说正法，令诸众生积集善根，亦令积集无边善巧，于一切智智示现出生。随念结集无量法要，得诸辩才，清净具足相续不乱无等句义。

欲令证得无量法门及陀罗尼真实方便，又令众生发起意乐，为说先后两际加行，示见去来现在诸法。于因自在，法无所住，愿诸菩萨了知十方如来本事，以神通无畏遍诸佛刹，授彼众生清净法眼，亦为开示不思议法，成熟佛智方便善巧。

我缘斯义敢有所请，惟愿世尊，说如来地广大方便甚深之法，为一切智，摄诸善巧无量不思议法理趣。令彼菩萨愿及方便善巧圆满。此

诸菩萨预闻法已，悉皆获证大法光明，成就菩提殊胜善巧，及彼弘誓悉令圆满。

【疏】此处请释迦开示，共有三种：

一、如来无碍法门决定义。令菩萨能发起无量法门、法光明门，及得一切法方便。

二、不坏灭寂静法门。即是不坏灭世俗（识境），亦不坏灭智境，而现证智识双运境界。

三、无边微密法藏。即是由智识双运而方便言说的无边法藏，此中含有微密意，故说为微密法藏。

为“欲令证得无量法门及陀罗尼真实方便”，于是又请释迦开示“先后两际加行”，此即观修陀罗尼门的前加行与后加行。

下面正分中释迦所说，即在这些范围之内，摄为三种陀罗尼。

〔正分〕

【正文】尔时佛告无边庄严菩萨摩诃萨言：善哉善哉，无边庄严，汝今为诸菩萨住清净愿方便善巧，亦为哀愍诸众生故，以决定慧，善问如来，汝之功德无有限量。谛听谛听，如实思维，我今为汝分别解说，令诸菩萨于佛智境出生无量种种功德。

无边庄严菩萨言：唯然，世尊，我等乐闻。

【疏】留意“令诸菩萨于佛智境出生无量种种功德”一句，这明明就是说如来藏，就是说智识双运界，无量种种功德是识境中事，与佛智境双运。

【正文】尔时佛告无边庄严：若诸菩萨，为求无边善巧愿者，应知诸佛秘密语言，受持、思维、如理观察。

【疏】留意“应知诸佛秘密语言”一句，此即经典中的密意，密意由言说表出，所以称为秘密语言。

【正文】云何观察，无边庄严，如来之智摄诸善巧，有所宣说无不清净。是诸菩萨，应当进修此之法要。

诸佛所说皆是平等，安住大悲，普于群生，决定成熟诸有情类。或于下乘，志希解脱于声闻道。有于真实最胜涅槃，弘誓圆满，成一切智。我今安住无上解脱，远离余乘下劣之法，善入诸佛秘密语言，及说如来无比词句，广大清净摄受诸法，令诸有情随彼根性解脱成熟。然于是法皆悉平等，不增不减，无缺无漏，乃至无色及无等色，无边无际，自性清净。

【疏】此处强调大平等性。此大平等性“安住大悲，普于群生，决定成熟诸有情类”。安住大悲即是安住如来法身功德，普于群生即是周遍一切世间有情，因此大平等性亦可以理解为，如来法身功德周遍一切有情界。

此处又说“乃至无色及无等色”，即是周遍一切界，用现代的语言来说，即是周遍一切时空世间。必须理解周遍一切时空，才能知道大平等性的密意，大平等性不只在我们的人间。

【正文】诸佛世尊之所演说，自性本性如实了知，而无有法了不了者。何以故。一切诸法皆是如来假名说故。若彼诸法由假名者，是则不可以法施设，亦无示现，无示现故。如来所说皆真胜义，随法同入一切诸法，于一切法不住分别，亦非不住，以分别法及无分别，如实平等，证一切法无有差别。

法无有生，如是生法无所有故。法无有法生，妄分别遍计度故。法无有起，不自在故；法无观待，舍圆满故；法无作用，无去来故；法无自性，超过一切自性法故；法本平等，无有差别无戏论故。随所作法起殊胜愿，无不成就。而于其中无有作者，乃至无有少法所得，皆归于空。是故如来说一切法如幻如梦，无有高下，我当以此清净弘誓，摄众生时，实无少法而可著者。无边庄严，此是诸菩萨等法光明门。

由斯门故，于殊胜愿而得增长，如日出现，光明普照。如是，善男子等，于此法门能信解者，与诸众生作法光明。无边庄严，若诸菩萨，内正思维、外无散乱，安住能断诸障碍者，随念菩萨普光三昧，及能信解甚深法者，应当观察此诸法门。

【疏】释迦说观修，前已先说“应知诸佛秘密语言”，亦即是强调观修无量总法时，于诸法门皆应先知其密意。下面经文，有多处与此呼应。

因此，便说“如来之智摄诸善巧，有所宣说无不清净”。这即是一切言说皆为佛内自证智所摄，是故一切言说无不清净，由是说“诸佛所说皆是平等”。

诸佛秘密语言，是为如来密意，亦即智境，密意无可说，是即智境不成显现。将密意显说为言说，是即智境上可随缘显现识境，由是密意与言说不一不异，亦即智境与识境不一不异。是故本经强调诸佛秘密言说，是即强调须知智识双运，由智识双运见一切法门、见一切言说，即知如来密意。本经又强调无碍辩才，此即强调智境须显现为识境，密意须显现为言说，若能由言说显示密意，是即辩才无碍。

小乘人不解密意，执著言说，是故须“远离余乘下劣之法，善入诸佛秘密语言”。因此本经说三陀罗尼，亦须由其密意而认知。

若知智识双运，即明“于一切法不住分别，亦非不住”，于智境中无分别，识境中则有分别。这就是“法无有生”、“法无有法生”。于智境中一切法无生，但于识境中，法虽无有却成显现，是即由无有而生，故说为“法无有法生”，法无有而成为有，实由“妄分别计度”而成有。由此即知“法无有起”、“法无观待”、“法无作用”、“法无自性”。

具象的法说为生，抽象的法说为起，因此抽象的言说、思维、名言、句义，即说为“法无有起”；依名言句义，一切法可由相依、相对而成立，是即“观待”，法不因“观待”而真实有；一切法作用亦仅于识境中真实，于智识双运境中即非真实；一切法于识境中的性，即为自性，是故亦不真实。由是种种皆可说为无。

【正文】一切诸法如来悉知，以缘起门开示宣说。如是缘起，虚妄不实，自性本性皆悉空寂，是缘起性亦非真实，能令众生杂染、清净，于十方求皆不可得，无所得故，无有摄受；无摄受故，于我所说尚应舍离，何况非法。所言舍离，彼亦非有，亦无所取，无有功用，本性清净。一切诸法无有分别，了知分别如实性故。一切诸法无有所住，亦不可见，无异性故。是故诸法无住无依，但以名字施设而有，彼皆空寂，无有自性。无住而住，是故诸法无有住处，处无有故、尽故、灭故及变易故。如来但以异名宣说，如是密意，应当了知。

【疏】释迦于开示三陀罗尼门前，先说须知什么密意。此由缘起门而说，然后超越缘起。

于识境中，说识境一切法如何而成为有，佛由缘起开示。若将缘起执实，即落于识境，故此处说缘起性亦非真实。若执实缘起，而且认为可由缘起成立空性，那就落于名言与句义，是即成为杂染；若知识境实为智境上的随缘自显现，由随缘而认识缘起，是即成为清净，所以说缘起能令众生杂染清净。所谓随缘，应由相碍缘起而认识，一切法的生起，皆须适应其相碍，然后才能存在或显现，是即相碍缘起。随其相碍而适应，是名“任运”，所以一切法都是任运圆成，人有人的任运，蚂蚁有蚂蚁的任运，于任运中一切法悉皆圆成，是即随缘自显现。

此处以缘起为例，说不应落于佛的言说。是故一切诸法，“但以名字施设而有”，即须离名字来认识一切诸法。若落名字，即住于名字，此即恒时住于识境，是即成为杂染，不得解脱。

【正文】不应执著善与不善，若执善法，彼不善法亦当执著。由执如是不善法故，生诸苦恼。佛以异名，于此示说为苦圣谛。

由不执著善不善故，彼诸爱灭，如来于此善法所断，异名示说为集

圣谛。

第二圣谛能了知故、灭故、尽故、无忆想故、厌离、观察无所有故、无喜想受、无分别故，如来于此异名，言说为苦灭谛。

了知第三灭圣谛故，是所求道如实悟入。一切法地，超过一切忆想、分别、戏论之境，八支相应，修习正见乃至正定，苦灭趣道，圣谛了知。佛以异名，于此宣说为第四谛。

诸佛世尊于此施设，知苦、断集、证灭、修道。苦集苦灭及灭趣道，此苦无有，以世俗故，假名施设是无明等，一切皆是无智攀缘。何以故，于彼无智，亦无有少攀缘可取，无有所证，无有光明，不可了知，亦不可得。而于其中当有何物。一切皆是虚妄坏法，无有坚实。于中若以实物施设，彼即于常，应有执著。若以无分别执著，彼即于断，应有执著。

是故于苦不应分别，以智慧故，应当了知。无智自性即苦自性，由与无明共相应故。无明亦不与物相应或不相应，彼亦无有。由彼不相应故，是故无明非分别、非不分别，不作不坏，亦无作者，施设作者不可得故。无边庄严，此是诸菩萨了知悟入无明自性顺明法门。

由是门故，能舍一切无明黑闇，现前证得随顺明法。于菩提分，能善修习；于诸圣谛，能善了知。是诸菩萨于此法门能得清净。所谓由不生故，苦得清净；不攀缘故，集得清净；由灭尽故，灭得清净；由修习故，道得清净。

信平等故，道即平等。如是诸法异名差别，应当解了。了已，应断、应证、应修。于如来言，若能解了，彼即遍知；彼即随断；彼即作证；彼即修习。

是故圣者如是知已，于一切法不取不舍，便得安住四谛法门。

【疏】此处又以四圣谛为例，说佛如何建立言说，于智识双运境中，“知苦、断集、证灭、修道”皆不真实，是故“无有所证，无有光明，不可了知，亦不可得”。

由缘起及四圣谛例，明舍离言说，即佛之言说亦须舍离，由是始能有所证、有光明，此即说为“悟入无明自性顺明法门”。“顺明”是随顺佛的密意，生起光明，是能于不取不舍中安住四谛法门。

说诸菩萨于三陀罗尼法门能得清净，释迦于此以四胜谛为例，说如何清净，经言“所谓由不生故，苦得清净；不攀缘故，集得清净；由灭尽故，灭得清净；由修习故，道得清净”，于此应一说。

由不生故，苦得清净。此即说认识识境中一切法无生，如是知苦，即不落于名言句义而知苦，是即苦得清净。无生，即如知一切法如幻，都是镜影，都是荧光屏上的影像，有显现相，但无实体，是故说为无生。

不攀缘故，集得清净。此即识境中的有情，不攀缘识境中的名言与句义，由是即无有集，因为一切集都依名言与句义而成，离名言与句义，集的义便不成，是为集得清净。

由灭尽故，灭得清净。这里说的是灭尽，并不是将灭舍离。凡经中所说的“尽”，都是无舍离而尽。此如人于中学时，可以说是小学尽；于大学时，可以说是中学尽，但却非作意舍离小学或中学，如是即成无舍离而舍离，由是始得称之为尽。这里说的灭尽，亦即如是，并非舍离灭，更不是把一切集都消灭尽，若舍离灭，或灭尽一切，都不是中道，更不是佛的密意。

由修习故，道得清净。此句易解，即修习此三陀罗尼门，是清净道。

【正文】无边庄严，一切诸法无有分别，亦不增长，亦不积集。圣者如实善了知故，不起分别，不行戏论，能如实见，不毁不著。由道断故，于诸善法不起分别，亦无戏论，况不善法。由无分别共相应故，亦复不住，法非法断。若遍知断，即无法结及非法结。彼能了知结法虚妄，此虚妄法，空无所有。此是彼等所入谛门。

由是门故，不爱不恚，证舍圆满，能断诸结，安住正道，到于彼岸，证法自性而无入出。无边庄严，汝今当观一切诸法，本性皆空，自性寂静，无有作者。诸法非实与结相应，非不相应。于彼无性法中不应执著，亦复不应离性非性而起分别。既能了知因缘清净，不应戏论诸有一切因

缘生法。彼缘性空，究竟清净。如是因缘，非互相应，诸法辗转，无有所作、无有所行、无有事业。

如是思维一切诸法，互相空故，无有自性、无依无住。无边庄严，汝于此中，应当悟入，则能增长不可损坏普遍光明清净法门。由摄受故，当得清净；无戏论故，当作光明；超过结使无所著故，当得出离。

【疏】本段经文，有如说《金刚经》之“应无所住而生其心”。强调于缘起亦不住，是因为佛建立缘起来说识境，因此恐怕学人住于缘起。能圆满舍离，都无所住，“则能增长不可损坏普遍光明清净法门”，这便是能得出离。出离识境的名言句义，不因名言句义而成立为有。

对于缘起，应如是了知。先须知“本性皆空，自性寂静”。所谓“自性寂静”，即是不应将名言句义加于自性上，离名言句义即是寂静；所谓“本性皆空”，此即一切法自性唯是本性，除本性外更无自性（如镜影，除镜性外，更无自性）。对于本性，即施设为空性。

其次应知，“诸法非实与结相应，非不相应”，结可理解为烦恼，是即诸法与烦恼非相应，非不相应，落于名言句义则非不相应，不落名言句义则非相应。

由本性自性即知缘起亦为空性（但于识境中，可说为由缘起生起诸法，诸法由缘生而成为有）。由非相应，非不相应，即知缘生诸法与烦恼非相应，非不相应。如是，对于“缘生”，非遣除，非不遣除。必须知此密意，然后才能理解出离。若以为出离便是出离世间，那便是遣除缘生，破坏世俗。由密意非遣除、非不遣除即知，于世间所须舍离者，仅为世间的名言句义，离名言句义，即见本性，亦可说为即见一切法自性空。

【正文】无边庄严，一切诸法，唯有名相开示宣说。何谓名相。相，谓四大所造诸色；名，谓一切非色之蕴。如是名相，一切皆悉虚妄不实，以颠倒故而有执著。或色是我、色是我所。相分别故，有名示说。如是名色，二俱不实，一切皆是虚妄坏法，如幻如梦。色体不坚，如梦所见。

乃至四蕴亦非真实，但以世俗文字施设。如是知时，不见有苦。由实谛故，无有攀缘。无攀缘故，心无所有。无所有故，何有与彼攀缘相应。由此而能于涅槃界，得超过想，及所知灭。

【疏】 本段经文，说五蕴唯有名相。有实质的色与及非实质的名，都唯有名相，无有实体，故非真实。其所以成为有，实由“世俗文字施设”而成。如何去除此实执，则说为“无有攀缘”，由于不攀缘，心便不落于文字、言说的施设，由是即无与施设相应的法，如此即无实执。

经言“由此而能于涅槃界，得超过想，及所知灭”，所谓“想”，即是由名言与句义所成的概念，亦即是根据施设而起的概念，若超越这些概念，即不落于概念之中，这样就不会依概念来理解涅槃界。必须这样才能证到涅槃，否则便只是受施设出来的涅槃界所缚。

【正文】无边庄严，三界由想、作意所生，是故说言三界虚妄，想及作意亦非真实。彼所有想即色执著，所有作意皆与受想行识相应。诸法本性亦无相应，非不相应。乃至非想亦非作意，想及作意本性皆空，所有言说亦皆虚妄，但假施设令性寂静。

【疏】 此说三界亦由名相所成，是即由想或作意所生。具体的色蕴由想生，抽象的受、想、行、识四蕴，由作意所生，是故虚妄，亦即一切言说悉皆虚妄。对付这些虚妄，亦由假施设而成，例如说空，空本来亦是假施设，但有了这个假施设，便可以“令性寂静”。亦即令名言句义远离于性，由是寂静。若无空的假施设，人便可以执著火性、水性等等名言句义，以火性、水性为真实，是即成昏闹。

【正文】无边庄严，诸法本性，以假名故，如是所说亦皆平等。无边庄严，于此法中，证于实谛。诸菩萨等应当了知。谓诸如来一切结使皆舍离故，凡所演说终不唐捐，汝等于此应善思维，无令执著，于一切法勿生分别，离诸戏论，了一切法无有自性，而于众生起慈悲想。思维悟入

如是法门，为利一切开示演说。

【疏】此说诸法本性亦由假名成立，是故一切诸法平等。所谓本性，即识境以智境为基，若说智境为空性，则识境一切法亦为空性，此如镜影，依镜为性；水月依水为性，亦为假名施设。一切镜影平等，一切水月平等，是故依于智境的一切诸法亦皆平等。

这样说空，实在亦是施设，然而依此施设，则能得空的究竟义。何以说为究竟，因为无可诤论。例如镜影，若说镜影性空是由于缘生，显然并不合理，但若说镜影的自性，一定便是镜性，当施设镜性为空时，镜影便是空性，如此成立性空，便无可诤论，所以由本性而说一切诸法自性空，即为究竟。在名言，则说为本性自性。此即"离诸戏论，了一切法无有自性"。

【正文】云何法门。谓了无明诸有为法，悟智见等诸无为法。应遍清净，证入一切有为无为无戏论智。非数入数、非数住数，随顺如是非数法故，证入无为清净法门，获得遍持光明智慧，摄受诸法令不失坏，能以觉慧方便善巧，广为众生演说诸法。

【疏】"无明诸有为法"即是识境，"智见等诸无为法"即是智境，"证入无为清净法门"即是智识双运智，亦即证入如来藏智。

若证入识境的"非数法"，即知非真实存在的法，于识境中视为真实存在（非数入数）；非真实存在的法，于识境中常住于法（非数住数），由是而成虚妄、杂染。能现证知非真实，即是"证入无为清净法门"，亦即无上陀罗尼门。

【正文】无边庄严，此是诸菩萨等入陀罗尼门。由是门故，出生广大差别觉慧，及能发起演诸法义善巧之智。无边庄严，此中何者是彼陀罗尼门。由是菩萨于诸法中能得总持方便善巧。无边庄严，此中菩萨住遍清净善巧之智，行于辩才，由义觉慧观察诸法本性自性。然一切法

自性无住，无名无相无所建立，无边建立不可宣示，但以世俗言词演说。所有诸法本性自性皆不可说，无来无去无有文字。文字清净无有功用，何以故，诸法本性等虚空故。一切诸法亦复如是，无作无起无相清净，以虚空开示演说。此则诸法无门之门，门清净故究竟无染，亦不随染。何以故，诸法究竟不生不起，所有自性亦不生起。

【疏】此说“入陀罗尼门”，由一切诸法平等而入，亦即由证入智识双运界而入。

又说，何者是陀罗尼门，即是“菩萨住遍清净善巧之智”，现证“一切法自性无住，无名无相无所建立”。如是即为出离，离识境中的一切名言句义，见一切诸法本性自性。此本性自性“无来无去无有文字，文字清净无有功用”，亦即不可说不可思议，这是说佛的内自证境的自性。虽不可说不可思议，但却必须施设名言来说，所以就施设为空（śūnya，零），说此本性自性为空性（śūnyatā，零性）。这是最彻底的无有自性，故经言“所有自性亦不生起”。

【正文】是故当知，三世所说一切诸法自性无性，亦不应执诸法无性。此是诸菩萨无所执著陀罗尼门。为诸菩萨门清净故，如是开示说一切法。有形相者，所说形相即非形相，不作不坏不爱不恚。是故当知，形相门者则为非门，门清净故，由是能得入无形相清净法门。为欲了知此形相门无所有故，不以有义。如是宣说，无所作故入无形相。无边庄严，如是所说无形相门为陀罗尼清净故转。无边庄严，所言门者犹如虚空，一切诸法依于虚空而有生灭，彼生灭者性皆平等，作是观时无有生灭，无所摄受。

【疏】此说一切诸法无性非无性，无性与非无性二者双运。于智境，可说识境一切诸法无性，于识境，则识境一切诸法非无性。故二者双运，即可说为“无性即非无性”，由是亦可说“形相即非形相”。如是即陀罗尼门清净，于观修时，“无有生灭，无所摄受”。若说无性，则落于智边，若说非无性，则落于识边，这就不成中道。唯有离开“性”这个概念，才能不落智、识两边来理解诸法的性，若落于言说，那就只能说为“无性非无性”。于“无性非无性”的密意，必须如是理解，不能理解为既是无性，亦是非无性。

中观自续派认许自相，应成派则遮遣自相，二者比较，当以应成派为究竟，大中观则根本无相想（没有相的概念）。

【正文】于一切法应如是知，一切诸法亦非摄受，非不摄受，非等非不等，乃至无有少法而可得者，由是能了此形相门。为得无相门清净故，开示演说。无边庄严，言无相者，所谓无身及身施设，无名无句亦无示现，于此教义应当了知。彼无形相与虚空等，言虚空者，亦无虚空及空示说，此是无明随顺明智力聚法门。

【疏】此陀罗尼门又可说为无相门，了达此形相门故。说为无相，即是无相的概念，并不是否定识境的相。当相的概念不成立时，自然无相可说，这就是“形相门”的密意，亦是无相门的清净。

无形相与虚空等，是说如来法身与虚空等，然而虚空只是比喻，并非说法身即是虚空，所以在虚空喻中，不能执实虚空，亦不能因虚空喻而执实空。

所谓“无明随顺明智力聚”，即是用比喻来随顺智境，此比喻落于名言句义，是故无明，然此比喻却随顺明智力聚而设。

【正文】菩萨能证陀罗尼门理趣方便，由证入故，无有诤论，无有忘失，随入无断秘密语言陀罗尼门。譬如有龙名无热恼，降澍大雨流澍无断。

无边庄严，所言陀罗尼者，是何句义？

无边庄严菩萨摩诃萨白佛言：世尊，陀罗尼者，即是随顺诸法秘密方便假名，即是随念遍持之业，即是说法语言之句。由智聚力，得入如

是陀罗尼数，以善觉慧，应当受持无量无边菩提之力。世尊，如我所解，此无边智演说方便，为欲利益诸众生故，开示流布令法不断。世尊，此陀罗尼门，是大虚空、是大方广，以是义故，能广宣说。由说平等能摄受故，名随教法，善巧开示广大流布。文字差别得圆满故，通达辩才而得成就。由观察义善巧说故，于义辩才而得圆满；决定诸法善开示故，于法辩才而得圆满。哀愍众生，以大慈悲而能摄受，由摄受故，次第调伏，令得清净。无诸戏论而能演说平等舍法。世尊说此陀罗尼秘密方便法门品时，无量无边善巧之义，从佛口出。

【疏】此处说“随顺诸法秘密方便假名”，即是前面所说的“无明随顺明智力聚”。所以“诸佛秘密方便”即是“明智力聚”；“假名”即是“无明”。

这即是说，此陀罗尼门随顺佛内自证智，方便施设假名而作言说。虽然是施设，但因为“名随教法”，即假名随顺教法而施设，是故得“无量无边善巧之义”。

由这段经文，即知所谓陀罗尼门，亦是假施设的名言，然而，它是随顺佛内自证智而施设，亦即随顺诸佛如来密意而施设，所以便成为方便善巧的言说。以此之故，对陀罗尼门不能执其名言，而应知其密意。有些学人，研究梵文 dhāraṇī 的字义，研究它是文句抑或是咒语，实在徒劳无功。

【正文】尔时，佛告无边庄严菩萨摩诃萨：所言门者，即是如来一切智智门之增语。于此门中由语言故，而得演说一切诸法，如来安住无边清净，究竟清净自然智见，以无所住、无所建立，流注广大甚深之法。

【疏】此处佛说“门”亦是言说，因为凡佛所说的法门，其实都是言说。指出这点，即说依法门而立的宗义皆不究竟，佛所证的自然智则究竟清净。此智境无所住，是故无所建立，但能流注广大甚深之法。对三品陀罗尼门，应如是理解。不可执著于门的名相，去理解这个法门，学人应依佛的施设，求如来一切智智，安住无边清净，所以无上陀罗尼门即以一切智智称为无上，如是为基；清净陀罗尼门所说即是无边清净果法。

【正文】无边庄严，如来尝说一切诸法皆是佛法。以于诸法能善了知，名为佛法。诸法本性与佛法等，是故诸法皆是佛法。由能了知法非法故，说能了知一切诸法。能了知者，即能了知陀罗尼门。此陀罗尼而能遍入一切诸法，所谓语言演说谈论，一切语言演说谈论，皆由文字表示宣说。是中文字，阿字为初，荷字为后，犹如入胎受胎持胎以母为先，又如种子长养以父为先，如蕴积集以生为先，次后建立余分差别，六处诸根次第成熟，如是字母为先。一切文字差别和合，如是字母为先，光发长养。

【疏】由"无明随顺明智力聚"或"随顺诸法秘密方便假名"，即可以说一切法皆是佛法，因一切法皆施设假名故。在《楞伽》、《胜鬘》等经，甚至说外道邪法都是佛法，因为这些外道所建立的法，亦不离自然智境而建立，所以一切外道法，于用佛智来抉择时，亦可将未随顺明智力聚的无明，转为随顺明智力聚的无明。所以释迦可以摄外道法而说佛法，例如，轮回其实是印度许多外道成立的概念，成为民间信仰，释迦摄此概念，成立佛法的基础。但于说究竟法时，则说为轮回与涅槃平等，无有分别。以此为例，即当落于外道的概念来理解轮回时（例如建立灵魂），那便是未随顺明智力聚的无明；当依佛所说，轮回亦无自我，仅为宿生业力聚的转移，有如一根蜡烛点完，火焰燃起另一根蜡烛，这样施设，便是随顺明智力聚的无明；说无轮回涅槃，因为轮涅平等，则是佛的密意，亦可以说是清净智见。

以一切法皆是佛法故，所以可以建立陀罗尼。陀罗尼以字母为基础，建立成为文字，文字又有声音，及有表义，如是即成陀罗尼。陀罗尼可以理解为咒，其实由咒音及其表义，即能总持一个法门。行者念诵陀罗尼时，观想咒音、文字、表义，于光明中三无分别，由是即能引发一个法门的总义，成为心行相，于心中生起，此即陀罗尼门的基本修习。咒音、文字、表义等，都是假施设，由是而成假名，但所示现出来的却是佛法。

【正文】所谓阿字为先，荷字为后，诸余文字在其中间，随彼相应和合而转。此即能入演说语言陀罗尼门。又当了知一切诸行皆悉坏灭，如彼文字书学成已，寻当除灭，如是一切有支建立皆当坏灭。如彼诸行和合故生，彼不和合应知坏灭。如是二种相应和合，建立一切诸有爱结，亦由如是二种和合，建立一切有为诸法。如是观察，渐次能净无作法门。由此能入演说生灭陀罗尼门，令诸菩萨方便善巧，速得圆满。犹如字母阿字为初，荷字为后，如是作已，应以语言演说谈论，善入一切秘密言词。又应了知，无障碍法开示宣说。

无边庄严，犹如字母阿字为初，乃至诸余一切文字，分别作已，作意相续入于书写，荷字之后更无文字而可建立，由是二种作意，能生一切有意之行，彼二分别无有真实。以于真实无少文字，本性自性亦无分别及不分别，而于其中，亦复无有少分所作。无边庄严，一切诸法以智所知，是智皆从文字建立而得生起，由是文字不成就故，彼智亦复无有形相可得。何以故，以于真实无有形相，由入如是无形相故，舍离一切所作事业，无所作故，舍离一切有为之事。

【疏】悉昙字母，第一个是“阿”(，音 ah)字，最后一个是“荷”(，音 ha)字，其余字母居于此二字母之中。一切语言文字皆由此等字母组成，组成之后，即无字母，因已成为语言文字而为人所知故，更无人不理语言文字，而只去执持这些字母。复次，当既成语言文字后，语言文字亦复坏灭，因为人只执持语言文字所表达的意义，更无人不理其含义而执持语言文字。对于生灭，应如是理解。

经言“如是一切有支建立皆当坏灭”，这就是说十二有支有如字母或语言文字，当成为十二有支相时（如生死相），这十二有支即便坏灭。所以分别说为“相应和合”及“不〔相应〕和合”两种和合，这即是识境中的生灭现象（可理解为“得相应”及“不相应”两种据相应义而成立的和合）。于得相应时，一切相生起；于不相应时，一切相坏灭。

经言“一切诸法以智所知，是智皆从文字建立而得生起”，即是一切诸法皆为如来内自证智所知，然而智境不成显现，唯藉识境建立才能显示智境，此即如来藏智识双运的境界。今所说的陀罗尼门，即依此境界而建立。由此建立，即由智境之无形相，悟入识境之离形相，由是说为一切有为法皆须舍离，以有为法皆无作故。无作，即非由作意所成，佛内自证智所具的生机，非有作意成一切法，只是一切法藉此生机才能成为有，所以说为无作。

【正文】无边庄严，此是陀罗尼清净善巧遍持法门。若诸菩萨于此学时，能起一切无痴事业，为诸众生宣说正法，令不缺减，不住诸想覆盖著心，及能远离想及作意，以能趣入诸法觉慧，证无边智理趣善巧。

无边庄严，若诸菩萨遍取名已，了一切法唯有种种积集言说所起之名，而无真实。如是知者，应当随入陀罗尼门理趣善巧。云何应入陀罗尼门理趣善巧。知所有名而无住处，不住诸法内外中边，于一切处都不可得，但依积集种种言说而假施设。于施设名如实随觉，是如实句。以此实句，应当了知一切诸法无名无说，此是诸佛力、无畏地。于所有法，应以此门开示演说。

【疏】怎样修习这“陀罗尼清净善巧遍持法门”，行者须“不住诸想覆盖著心，及能远离想及作意”，才能“趣入诸法觉慧”。由是说“于一切处都不可得”，故无所住。

经言“于施设名，如实随觉”，即是由言说文字悟入诸佛密意，悟入密意，即是“如实随觉”。

【正文】如来所说一切诸法，非一性、非异性，诸法无有一异性故。此一切法非生非有，如是宣示诸法亦空，法若空者，彼即无相。若无相者，即无愿求。若法是空无相无愿，则不可知，不可遍知，不应说彼若有若无。言有无者，但是言说，不应于中而生执著。何以故，如来常说，若不执著一切法者，是真胜义。若有著者，由是著故，于彼彼法随生执著。如是执著一切皆空，是败坏法，但唯虚妄戏论分别。

【疏】这里说空、无相、无愿三解脱门，然而不可执著于空，若执著一切皆空，是败坏世俗，如是即成诽谤。因此，可以抉择及决定空见，但须不住于空，如前所说，亦不住于缘起。空及缘起于识境中真实，于智识双运界皆“唯虚妄戏论分别”。

于二转法轮时，释迦说“缘生性空”，此非密意，但是言说，所以学人说学佛只是求证空性，那便不理解“缘生性空”其实只是“随顺明智力聚无明”，非究竟说，非佛密意，于此处已明白说出此义。

【正文】无边庄严，汝应当观演说诸法，而于彼法实无示说，岂于此中有能说者而为他说。无边庄严，此清净法，从诸如来之所演出，能了知者甚为希有。无边庄严，汝等今于我前闻如是法，能善了知住清净信，能生胜解，虽复众多，而于后世，希有众生于此法中能遍了知，唯除今时，亲于我所发弘誓言：愿于来世，利益安乐诸众生故，而当受持如来法教。若曾往昔于如来所，承事供养、深生信解、爱乐希求，于甚深法理趣善巧，愿听闻者，此诸菩萨，常能获得陀罗尼法。

无边庄严，由于往昔供养如来，复得值遇无量诸佛，承事供养，于甚深法因缘理趣深信解者，善求于法多胜解者，趣行深广求大乘者，声闻乘人厌离三界。于甚深法勤修行者，此诸人等，未曾听闻此甚深法，无边庄严，如来为欲利益安乐此诸有情，令证甚深广大无量难见难解种智觉故，而复宣说甚深之法。此非愚夫无闻、执著、不求法者之所行地，有如理修行善根具足，于微少过生大怖畏，于诸怖畏而求解脱，是此等类

之所依处。

【疏】佛说此深密法，由于实无是说，所以“能了知者甚为希有”，于此法中能遍了知者，只有亲于佛前发弘誓者，才能受持此法，由此可见此法之珍重。

愚夫对此法自然不能信解，即使“如理修行善根具足”的行人，对这法门亦会“于微少过生大怖畏”，复求解脱怖畏，即成作意，而且有想，是即不能入此法门。

什么是“于微少过生大怖畏”，此即不成法忍。如闻佛说“无生”，对“无生”义未能透澈，那便是微少过失，行者即因此未能透澈而辗转思维，由是不堪承受无生，于无生生大怖畏。

【正文】无边庄严，如来今为汝等天人世间，常演说法不生劳倦，由佛往昔行菩萨道时，于无量亿劫精勤修学此甚深法，既修学已，方便回向。云何为诸有情当转无上微妙法轮，及为有情而得示现无上大智，令一切智智种性不断。无边庄严，此由如来往昔愿力，为令一切种性不断，及威加此陀罗尼句，开示演说此甚深法，广令流布，使诸有情于佛法中当能悟入，令一切智种性不断，光阐弘宣此诸法教。无边庄严，汝等今欲随学如来，有诸众生希求法者，开示演说勿生劳倦。无边庄严，诸菩萨等如所闻法，于大众中当广开演所有法行，由是当得近于佛智，能速证获陀罗尼门。由证陀罗尼故，以少功力，而能受持光明照耀清净法门。

【疏】此处强调学人须作回向，由回向令此法门不断，凡作回向，皆应持证量而作，这才能将观修此法门的功德，回向一切有情。

此处又说，证陀罗尼门尚未究竟，尚须“受持光明照耀清净法门”，此陀罗尼门尚为八地以上菩萨之所现证，“光明照耀清净”始为佛的内自证智境。

本段经文说佛悲心，由悲悯众生，故欲令一切智种性不断，此即欲众生成佛。学人作回向，即由回向力得能满佛愿，亦能积集福德智慧二种资粮。

【正文】无边庄严，一切诸法本性清净，若法本性，非彼相应非不相应，非和合住非不和合。于诸法中而无有法，若无有者，则无有处而可示说，唯除因尽，因尽故即离，离故即灭。

我为有情了知故，说一切诸法本性自性，于彼无因，即无因尽，无因尽故，无离无灭。无边庄严，汝观如来之所说法如是清净，若有以法观如来者，彼于如来见不清净。何以故，如来非法亦非非法，如来尚不安住少法，何况非法。若住非法，无有是处。如来超过诸表示法，不可宣说，一切语言皆清净故。是故如来最极甚深广大无量。

【疏】诸法本性自性，此前已说。

由本性自性可能引起一个问题，一切识境于智境上任运圆成，所以能够任运圆成是因为有智境的功能，此即说为如来法身功德，例如现分。现分可理解为生机，正因为有此生机，才能令识境得以任运圆成而成显现。因此，如来法身此智境是否即是识境生成的因呢？若落于两边来看，这问题可以肯定，智境即是识境的生成因。但若离两边，亦即在智境识境双运的境界中，便不能说识境是智境的生成因，道理很简单，若有因果关系，便不成双运。双运必须平等，落于因果便是相依的关系，绝不可能有相依而成双运的法。是故经言："于诸法中而无有法，若无有者，则无有处而可示说，唯除因尽。"这即是不以智境为识境的生成因，是即无因。

这即是说，若说识境的一切法显现有因，则违反了智识双运，以因果关系违反双运故；若说识境的一切法显现无因，亦违反了智识双运，因为在识境中，一切法实不能超越因果而成为有，如是识境不成，当然更不能说为双运。所以，佛的密意是，智境是识境的含藏因（绝不是生因），说为含藏因，并无因果关系，例如地球含藏人类，那只是地球的功能（如万有引力），并不能说地球为因，生起人类为果。智境对于识境亦是如此，能含藏一切识境，是因为有智境的功能（如来法身功德），此功能是识境一切法显现的主要因素，但却并不是生起一切法的因。现分是生机，无生机即无识境显现，因为一切法无生机即不能任运圆成，但这生机却是客观的自然存在，平等周遍，任何生命都可以享受这自然的生机，这生机亦不左右一切法的任运圆成，所以是客观的存在，一如我们这个世间的水，无水便无人类，但我们只可以将水看成是自然存在的生命因素，绝不能将水当成人类的生因。

若这样了知时，很自然就会理解，说一切法自性即是本性，此中并无因果关系，一切法自性非以本性为因，一如镜影，其自性必为镜性，但不能说其自性与镜性为因。充其量只能说，镜是镜影的含藏因。这样就澄清了本性与自性的关系，此中不涉因果，因此即可说："于彼无因，即无因尽，无因尽故，无离无灭。"

【正文】无边庄严，如是如来非色表示，非受想行识之所表示，如来亦非色尽解脱，非受想行识尽解脱。由是如来绝诸表示，与色等法非共相应、非不相应，而于一切有为无为，能遍解脱，不起分别无有戏论。

如来不与色取相应，亦复不与受想行识诸取相应。永断一切取蕴根本，而亦远离诸法根本，谓无戏论，不入不出，超度瀑流。不住无上诸佛智境，亦非不住，应说如来不住少法，不取不舍。如说如来说法亦尔，如来不相应故，如来之法亦不相应。如如来法，诸法亦尔，依如实理，诸法皆如是故。世尊说一切法悉是真如，一切法如，与佛真如无二无别，非一非异。如来安住无分别法，非遍计故。

【疏】此承接上文所言，由于本性与自性无因果关系，亦即如来法身与世间无因果关系，所以如来与识境的受、想、行、识即非共相应，非不相应。亦即如来非色、受、想、行、识所能表示，是故即使落于识境言说，亦不能说如来法身与识境相应不相应。以此之故，不能说如来是因为色、受、想、行、识五蕴尽，才得解脱。这一点非常重要，于观修陀罗尼时应须了知，并非由观修求五蕴尽，若求五蕴尽即大邪见。所以说都无所住，说一切法不住，并非断灭一切法而无所住，亦非断灭五蕴而不住。如是即知何为无所作而作、无所舍离而舍离，这才是观修陀罗尼门的正见。

通俗来说，人不能靠断灭一些什么来成佛，亦不能靠得到一些什么来成佛。了知一切法本性自性，自然名言尽，自然无所住。名言尽则无分别，无所住则无所得。由无分别而证菩提，由无所得得大涅槃。

【正文】无边庄严，如来说法，终不超过一切诸法。何以故，无有少法可超过故。无边庄严，如来于彼某时，证得无上正等菩提，然于彼时，实无有法而可得者，以一切法及诸随法不可得故。不起分别，亦复不起法与非法及作意想。于彼本性清净法性，而不安住，亦不建立。如是了知简择法时，亦无了知及简择者。无边庄严，此所演说第一义句，即是如来非句之句，句清净故。以是义故，诸菩萨等得一切句清净之智，由是能入无边理趣陀罗尼门，亦无少法而可证入，不来不去。

【疏】经言："如来说法，终不超过一切诸法。"这即是说言说不离识境，然而，如来实一切法都不住，以无所得故。"亦复不起法与非法及作意想"，以无分别故。此即承上段经文而说。《入无分别总持经》便详细说明这个理趣。

【正文】无边庄严，所言句者，无句可得，非句句故，于一切句应如是知。如是诸句，是厌离句；若厌离句，是虚妄句；若虚妄句，即厌离句。彼一切句，是灭尽句；若灭尽句，即真如句；若真如句，即究竟句；若究竟句，是尽离灭句；若尽离灭句，即涅槃句；若涅槃句，即非世俗。无句施设，亦无示说。

【疏】这里说观修抉择，抉择一切句义，是"厌离句"(厌离世间的名言句义），世间与轮回皆是虚妄，所以是“厌离句”、是“虚妄句”；但必须由此虚妄句而厌离，所以说“若虚妄句，即厌离句”。这样就能不执著厌离而受厌离所缚。

复次，佛说的法门是“灭尽句”。灭尽一切识境的一切名言与句义，是故是“真如句”；能示现真如，即为究竟。因此决定，所谓究竟，即“尽离灭句”，以尽离名言句义故。

再持“尽离灭句”来抉择，复作观修，即能悟知尽离灭即为涅槃，以既尽灭即无所得故。由是决定，涅槃“无可施设，亦无示说”。

【正文】无边庄严，言一句者，于一切善不善法中，平等趣入。云何一句，所谓离句，于厌离中无有少句，是一切句。犹如厌离句亦非句，句清净故。若句清净，即涅槃清净；若涅槃清净，即句清净。如是诸句皆不可说，若以语言宣示句者，而彼诸言，于十方界求不可得，谁为谁说，故诸言说一切皆空。彼若空者，即无有义，不应于中戏论分别出生。如是诸句义者，一切皆是无分别句、无戏论句。是故修观行者，寻求观察一切句时，当知皆为离灭涅槃。如是诸句不异涅槃，亦不可说，然非不异，由言说句皆虚妄故，为清净句。宣说善巧表示诸句，非实表示，若非表示非不表示，则处中道，若处中道则无分别，以于此中分别断故。于此法性平等入时，而无有处行少恶行，无所得故。如是不行，亦不遍行，不等近行，若如是行，诸佛说为菩萨乘者，无有少法而可行时，彼行菩萨地，安住无上清净陀罗尼故。

【疏】此处说决定后的现证，现证境界无可说，但对此境界的见地则可说，此见地即是“如是诸句义者，一切皆是无分别句、无戏论句”，然而，“如是诸句不异涅槃”，由是即成智识双运境的悟入。

假如一定要用言说来表达智识双运境，则只能说此境界处于中道、无分别、大平等性，然而并非作意于中道、作意于无分别、作意于大平等性。以无作意故，即无舍离，由是即成“离灭涅槃”。是故经言：“诸佛说为菩萨乘者，无有少法而可行时，彼行菩萨地，安住无上清净陀罗尼故。”

【正文】无边庄严，我今当说陀罗尼句。由是句故，令诸菩萨得陀罗尼，而能开示无边法藏，应说此等住无诤地，以能摧破诸他论故，极寂静故，广演法故。此中何者是彼法门陀罗尼句——

哆姪他若曳1　微若曳2　鸣计3　乌迦(上)**筏底**(丁以反)**4　阿**(引)**路计5　阿**(引)**路迦**(上)　**筏底**(丁以反)**6　钵啰**(二合、上)**陛7　钵啰**(二合、上)**婆**(上)**筏底**(丁以反)**8　娜唎设佇9　你**(尼顶反)**那唎设昙筏底10　遏替11　遏他筏底12　戍阏佇13　鞞戍阏佇14　钵唎戍阏佇15　吃唎**(二合)**耶**(上声)**16　吃唎**(二合)**耶筏底17　嗢哆啰尼**(上声)**18　珊哆啰尼**(上声)**19　摩诃毘社曳20　么诃毘社耶筏底**(丁以反)**21　阿怒珊地**(上)**22　阿钵啰**(上、二合)**底**(丁以反)**珊地**(上)**23　庾伽**(上)**磨阦棕陀**(上)**24　悉地25　悉驮遏梯**(二合)**26　悉陀**(上)**遏他**(上)**筏底**(丁以反)**27　么底**(丁以反)**28　么底**(丁以反)**钵啰**(二合)**鞞29　嗢哆唎30　嗢哆啰筏底**(丁以反)**31　弭磨唎32　弥磨啰怒散地33　萨嚟34　萨啰筏底35　萨啰**(引)**怒伽底36　娑冥**(上)**37　娑么蓝婆**(上)**弭伽底38　羯底**(丁以反)**39　阿你伽底40　阿钵啰**(上、二合)**底**(丁以反)**你筏底41　弥势晒42　弥势晒筏底43　阿**(上)**磨醯你44　你磨醯你45　钵啰**(二合)**磨醯你46　邬**(引)**荷邬哆啰咛47　么啰钵娜曳48　阿**(上)**势铩**(去)**49　阿怒跛势铩50　阿怒伽迷51　阿钵啰**(二合)**底伽迷52　阿伽**(上声呼)**帝53　阿娜伽**(上声呼)**底54　伽底弭戍驮你55　钵唎戍第56　姜**(去)**竭差**(初假反、二合)**掣**(尺曳反)**娜你夜帝57　么底**(丁以反)**钵啰**(二合)**避帝58　么底毘戍驮你59　三缦多**(引)**怒羯帝60　三缦多钵唎缚**(房可反)**嚟61　三缦多毘戍驮62　你阿怒跛仡啰**(二合)**呬63　阿你仡啰**(二合)**呬帝64　呬那**(引)**啰梯**(二合)**65　阿啰他**(二合)**毘戍地钵啰冥66　奚都你地珊宁钵啰**(二合)**避底67　钵啰**(二合)**避多筏底**(丁以反)**68　毘你设者**(二合)**曳69　避你设者**(二合)**耶**(引)**怒羯帝70　阿难多啰71　阿难多苾仡啰**

(二合)奚 72　么社昆戍地 73　阿怒竭啰奚 74　钵啰(二合)竭啰荷昆戍驮你 75　阿地耶(二合、引)多么(二合)昆竭帝 76　么呬啰驮(二合)昆戍驮你 77　苾地耶(二合、引)怒竭底(丁以反)78　苾地耶(二合、引)怒散地 79　钵唎戍驮你 80

syād yathedaṃ/jaye bijaye/uke ukabati/aloke/alokabati/prabhe prabhabati/niradarśaṇe/niradarśaṇabati/adhe adhabati/ṣodhanaśo dhanabati/pariśodhane/kriye bikriyabati/uttaraṇi/sandharaṇi/mahābijaye/mahābijayabati/anusandhi/apratisandhi/yugabati/naddhasiddhi/siddharata siddhiratabati/mati matiprabhe/uttare uttarabati/bicare/bicara anusandhi/sare sarabati/sara anugate/same/sambharabigate/gate anigate/apratinibarte/biśeṣa biśeṣabati/abhahini/nibhahiṇi/prabhahini/aham uttaraṇi /mālapanaye/aśeṣe anupaśeṣe/anugame/apratigame/agate anugate/gate biśodhani/pariśodhani/kaṅkṣacchedani/yati/matipratite/matibiśodhani/samanta anugate/samanta paribhire/samanta biśodhani/anupragrihi/anagrahite/hinārthe/arthabiśudhi/barame/hetuni/dvisanni/pratite/pratitabati/biniṣcaye/biniṣcaya/anugate/anantarate/anantabigrahe/matabiśudhi/anugrahe/agrahe biśodhani/adhyadmabigate/bahababiśodhani/bidya anugate/bidya anusaṃdhiti/pariśodhani//

【疏】这是无上陀罗尼门句。为方便读者念诵，依林光明《新编大藏全咒》附上咒文罗马转写，俾作参考，汉文译音亦依之订正。下同。

【正文】无边庄严，此是陀罗尼标释之句。诸菩萨等由是句故，而能随念无量如来所有法藏，亦能为诸有情，开示演说住无诤地，复能随入一切义句理趣善巧，善能了知无量广大差别智觉。随其所愿，皆得圆满。

【疏】由念诵咒文，可由其梵音而知义理，这是陀罗尼门的根本施设，但不可以将咒文完全看成是文字，此如咒文开首的三句，jaye bijaye/uke ukabati/aloke/alokabati,可以理解为对世法尽的赞叹,所谓世法尽,即是世俗的名言与句义尽。当行者念颂这三句咒文时,即应起舍离名言与句义想。

陀罗尼称为总持,即由这首咒文,可以总持上说的无上陀罗尼门法义。

此法门尚未说毕,故下面续说。

无上陀罗尼品第一之二

【正文】尔时，佛告无边庄严菩萨言：我当说彼陀罗尼门理趣差别智慧善巧，令诸菩萨得陀罗尼善巧方便。由证此故，当能了知随法秘密善巧理趣。

【疏】“说彼陀罗尼门理趣差别智慧善巧”，即说修习陀罗尼门的次第（“理趣差”）证量。

“令诸菩萨得陀罗尼善巧方便”，即由抉择、观修、决定而成现证。此中由抉择至决定，即善巧方便。现证即为“了知随法秘密善巧理趣”，是即了知陀罗尼门中的诸佛密意。

【正文】云何了知，无边庄严，于眼所见色陀罗尼，乃至意所知法陀罗尼门，无边庄严，云何六内诸法所取外法陀罗尼门。无边庄严，若诸菩萨眼见色已，而由不可映夺智力，及念善巧不迷忘故，了知遍持色是无常，生灭不住，皆尽离灭，由此复能于内眼界，而不执著我及非我，善巧安住眼处清净。于色攀缘不摄受故，而能清净陀罗尼门，善能观见，尽厌离灭，则无戏论。

【疏】此言，眼、耳、鼻、舌、身、意等六内识缘色、声、香、味、触、法等六外境，应得决定而成现证。决定如何生起，由抉择智（经言：“由不可映夺智力”，此智力即抉择智），抉择无常、无生灭等，依此观修即得决定。

观修时的观察，经言：“由此复能于内眼界，而不执著我及非我，善巧安住眼处清净。”这即是说，由善巧抉择外境，而能除去对“内眼界”等内识的执著，从而更不执著我及非我，如是始为眼处清净。所以，这并不像通途所言，外境空则内识亦空，这种说法只是推理，不是观修。陀罗尼门的观修，是由抉择外境无有，然后去除内识的执著，只是去除执著，并不说内识为空，当对内识执著能去除时，亦不是只建立一个非我，而是不执著我与非我，非我亦不能执，那才是真实的观察，因为这观察不落一边，实基于根本抉择见，即智识双运见而成抉择。这就比“外境无有，内识亦当然无有”这样的决定更为深密。

此处所言，已含两个次第。一、抉择外境，决定外境无有；二、抉择内识，由内识缘外境无所得，决定内识无可执著，复经观修、现证，不执著我及非我。

又，有些学人，提倡离能所，若欲离能所，必须据此陀罗尼门观修，此外别无法门。于此处，即说陀罗尼门由不执著我及非我而离能所，并不是先建立一个“离能所”为目的来修离能所。同时，不执著我及非我，并非由外境无有而成现证，只是由不执著外境而成现证，亦即知内识所执如幻，然后经观修作出决定，内识所执如幻即无所得，由是内识其实亦是如幻。为什么说内识如幻呢？因为内识所起的心行相，实依外境而成，故当决定外境如幻时，内识所起的心行相，亦必如幻，以此之故，即无我与非我可成。

【正文】由不戏论总持善巧，住无妄念，无有积集，所行道中而能舍离眼与眼识及所知法，无有分别，由如实见得清净故。亦能随念，诸法如幻，于能所识，清净善巧得总持时，善能摄取不共世间广大智蕴。如是略说，乃至意所知法陀罗尼门。菩萨以意了知法已，而由不可映夺智力，及念善巧不迷忘故，而能总持诸法无常，生灭不住，尽厌离灭，于内意处安住总持，亦不执著我及非我。善于内住意识地者，随能妙观总持善巧，次善安住，意处清净。

于外法处不摄受故，能得清净陀罗尼门；由内外法及余结使不相应故，能随观见尽厌离灭，不作戏论。由不戏论，总持善巧，住无妄念，无

有积集，趣行之道而能舍离。意及意识并所知法，无有戏论，不起分别，以如实见得清净故，而能随念诸法如幻，亦能总持于识所识清净善巧，而能摄取不共世间殊胜福慧。

【疏】此处是说如何得决定及决定后的现证。

“由不戏论总持善巧”即是由离戏论而得总持观修的善巧方便。观修建立的所缘境，是识境的建立，所以并不真实，其建立只是善巧方便，例如密乘所建立的坛城与本尊。若行人知其为善巧方便，只是通过所缘境来修真实，于得真实时，这些所缘境即可弃舍，那便是“不戏论总持善巧〔方便〕”。说为“住无妄念，无有积集，所行道中而能舍离眼与眼识及所知法，无有分别，由如实见得清净故”。如是即能“摄取不共世间广大智蕴”，此即为行人观修的证量。观修眼与色如是，以至观修意与法亦如是。亦即当不摄受外境，现观外境无分别时，即能得清净陀罗尼门（观修果）。

此中的关键在于无分别，由无分别始能决定诸法如幻。有些学人，只是从理论上说诸法如幻，然后说因为如幻，所以无分别，那是错见，不合佛所说的观修次第。

至于如何得无分别，此即经言：“住无妄念，无有积集，所行道中而能舍离眼与眼识及所知法，无有分别。”经中所说的“舍离”，即是舍离世俗的名言与句义，不依名言与句义而见外境。由依佛说而作观察，于观察中见外境义。如佛说无常，当观察坛城与本尊时，亦见其无常，因为坛城与本尊的显现，于观修时明明见到是心相续所起的行相，所以观想的境界，时见时不见，行者须作意而见。

因为问题重要，所以再举一例来说明。如看电视荧光屏，荧光屏显现电视剧，所以当对画面不作观察时，我们便会依名言句义来看荧光屏上的影像：这演员是谁，演得好不好；这角色是谁，是忠是奸。这样外境便有分别。于离名言句义来看荧光屏时，画面不变，观察的人只把画面看成是心的行相，这行相将外境反映出来，对此行相更不加以名言与句义的增上，那么，就知道心行相所反映的，只是荧光屏上的影像，如是即入无分别。这样观察，便是《入楞伽经》所说的“唯心所自见”。

【正文】又能如是，于去来今及诸内外一切法中，由随义觉，摄取方便善巧智力，不于少法起无因见，而不于因起于缘见，亦不于缘而起因见。了一切法各不相应，如实随入诸法本性，此一切法本性清净，辗转寂静。若一切法辗转依持，随种类持，由于遍持共相应故，得安住者，应知彼法不由依持共相应故，而得安住，不生不起而不流转，亦非言说之所能得。彼所有义，一切诸法各不同分，非共相应、非不相应。以一切法无有作者，令作者故。无有寿者、无有众生、无补特伽罗。此说法句，非如其实、非不如实。一切诸法不摄受故，同于涅槃，无有执著、断于执著、远离执著。

【疏】承接上来两个次第，抉择因缘，因缘各不相应，并非有此因必有此缘，或有此缘必有此因。这个抉择非常重要，因为去除对相依、相对的执著，即由此抉择而来，所以，这必须由相碍缘起来作抉择，一切法都须适应其应该适应的相碍而成立，所以不能说适应何法为因、适应何法为缘，亦不能说，适应此法必须适应彼法。如此才能称为“任运圆成”，否则便不成“任运”。

当了知相碍缘起时，即能去除对“依持共相应”的执著，这样就成决定：“非如其实、非不如实”；“无有执著、断于执著、远离执著”。由是知对一切法无所摄受，亦非不摄受，即是涅槃。

经中还有很重要的一句：“了一切法各不相应，如实随入诸法本性。”“一切法各不相应”即是对相依、相对的否定；“如实随入诸法本性”即是如实知一切诸法自性，即是本性，此如一切荧光屏影像，必为荧光屏性。必须离相依、相对，才能舍离识境的名言句义，必须决定一切诸法本性自性，亦即，一切诸法的自性都是本性，才能入无分别。所以这句经文，即是究竟决定，行人现证即现证此决定见。

【正文】无边庄严，此是诸菩萨演说陀罗尼差别善巧，如内外法，于一切法应当了知。如是说时，彼诸菩萨舍离内句，亦不取外，及能观察无有始终，乘生死轮堕在世间，入无明室处无明，周遍流转，彼虽如是生死轮转，于中亦无生死可得，亦无真实生死之轮，虽复随顺生死轮转，堕在世间，于中可得。然诸众生不能了知此诸法故，于生死中游行驰走，周遍驰走，又不能了虚妄颠倒，于非众生起众生想。若众生想所系缚者，彼于诸法不能了知，随入破坏、极破坏法，为虚空执之所执著。

【疏】行者证入究竟见，则能由无分别而无生死，这样才是离能所、离二取、离名言的证量。在这里，释迦强调"不能了虚妄颠倒"的行人，因不能了知便堕入"虚空执"的执著，此等行人"随入破坏、极破坏法"。

关于"虚空执"，有人以为是执著于虚无，其实除执著于虚无外，凡对一切法执空见而不知本性自性，都是虚空执。因为不认为缘起所成立的一切诸法为有，而视之为"无自性空"，那便对识境中的一切诸法生破坏见。若能对"无自性空"起正解，知道一切诸法本性自性，是故说为空性，如是智识双运的如来藏便不落空边，非空非非空（非空非不空），因此才能由双运而离识境缚，却不破坏识境中一切诸法。

【正文】佛告无边庄严：若诸菩萨，于此法中能解了者，速疾获得智慧光明，随证法门。辩才清净，修习忍辱，而能精勤起大慈悲，志无懈倦，善能安住秘密言词，演说方便，亦能了知一切诸法异名差别。最胜语言随所忆念，往昔住处能善赞说，无少相违，令诸众生住无诤论，能坏一切外道诸论。为破众生诸黑闇故，宣说法时，而为十方无量世界诸佛如来之所称叹，放法光明，作不思议法之施主，善能开示诸佛法藏，无有迷惑，及能摄取殊胜大愿，如其所愿皆令满足，得不思议方便善巧，令诸众生意乐开发，及能示现前后际因，亦能示现去来方便。无边庄严，是中菩萨于能发起三摩地门，应勤修习。既修习已，而能证入陀罗尼门。于陀罗尼门得自在已，于诸秘密广大异名而能演说，及能入于异名之

智，能随顺入甚深理趣，善能了知言说示现，令无少处而生疑惑，不由他教住于忍地。

【疏】此说证入陀罗尼门的功德，此中强调当于陀罗尼门得自在时，则对一切法异门皆能证入，经中说言“能入于异名之智”，是则对佛所演的种种法异门能生法忍。

凡是说如来藏的经论，都重视“辩才无碍”。所谓“辩才无碍”，即是能依所化的根器说种种法异门，然而却不离佛的密意，由是即可作种种言说，自在无碍。这与落于法异门而执著的人不同，他们说一宗见，只能跟随言说来说，不知密意，依言说时甚至否定密意，所以虽然说得天花乱坠，无非只是宗见、只是法异门，所说出来的只是相似法。相似法流播，是释迦最担心的事。

“辩才无碍”还有一重密意。言说是识境，佛的密意是智境，能将佛的密意用异门说出，即是言说与密意双运，亦即识境与智境双运，有此双运，故佛便对“辩才无碍”十分重视。佛说的经，即是“辩才无碍”的范例，所以读经的人，必须了知言说背后的密意，否则便辜负了佛的“辩才无碍”。

【正文】无边庄严，若诸菩萨，能善发起勇猛精进，为欲哀愍诸众生故，求诸法智证入通达，无有余乘而不成就，得佛大智，超过一切世间之智，究竟清净，一切智智未足为难。无边庄严，于此演说陀罗尼门甚深方便法品之中，所有诸法，为欲摄取诸菩萨故，开示发起。我今当说令诸菩萨普遍开悟，善能摄取秘密言教。凡有所作，皆能了知一切语言音声之义，复能证入差别觉慧善巧之智。

【疏】由此段经文起，开示如何“善能摄取秘密言教”。此即“凡有所作，皆能了知一切语言意声之义，复能证入差别觉慧善巧之智”。此即陀罗尼门教法。由了知言说的密意，次第证入“觉慧善巧之智”，由于是次第，所以有“差别觉慧”。

【正文】何者是彼所有之法，无边庄严，是诸菩萨具净尸罗，安住实谛，加持之力则能增长布施方便；求无我所，无摄受法修习方便，证一切法真实理趣，得不退法及善安住不退转地，速疾具足无碍辩才智慧，增广犹如大海。

无边庄严，当于后时，无有余人颇能恭敬受持此法，唯除菩萨希求甚深如实法者；为欲开示如来法藏，希求乐欲增上心者；调善意乐正思维者。彼等于此甚深法中，精勤修学，入此理趣，则能了知异名演说，亦能了知一切诸法自性本性。

【疏】此处重申，若欲"能了知异名演说，亦能了知一切诸法自性本性"，即须修学释迦开示的"如来法藏"。此"如来法藏"，即是总持、即是总修瑜伽、即是无量总义法门，是故能摄一切法异门，如空、真如、实际等。

【正文】无边庄严，假使如来以种种名演说诸法，然于诸法本性自性亦不相违。如来开示诸法本性不相违法，说一切法无所造作，凡所演说，无有所说及能说者。无边庄严，如来已得演说善巧胜波罗蜜，如来亦无少法可得，亦无随得、亦不遍得。如来不为少法安住故，不舍离故，不为生故，而能说法。亦不为得少分法故，亦非不得故。如来行无所得，如来不行亦非不行，亦不应说诸佛如来行如实行。何以故，无有少法说名如来，此是如来住如是住，行如是行。若彼如来，以名字故名如来者，如来与名非异非不异。非异非不异故，不应说言如来若来若去。如来非戏论者，超过戏论，亦无超过，如来无有超过，超过亦无如来。如是如来与如来性，非即非离，不虚妄性，不变异性，亦复如是。

如是称扬如来体性，无有少法开示演说，亦无示现。如来证得一切诸法如实本性，然一切法所有本性不可宣说，一切诸法无所有故。如是如来说一切法，无有所作，亦无变异，不生不灭，不出不离，一切诸法究竟清净故，非得非遍得。于一切法无有所得，无所得故无有可证，如是

无有少法可得。若法可得，于诸法中应有受者，既无受者，是故当知一切诸法由不生故无有得者。

【疏】此处说如来密意，虽“以种种名演说诸法”，实无少法可得，即“如来”此名，亦非可由来去而说，是故凡有所说，皆不应依言取义，必须如是，始能证入“一切诸法究竟清净”。此处所言，即是“无所得”之理，证无所得，始能证觉。

此处说如来体性，“超过戏论，亦无超过”等，即是智识双运，“超过戏论”是智境，“亦无超过”则是识境，如是双运。所以“一切法所有本性不可宣说”，若可宣说，便堕入识境言说，是即非智境与识境双运。

【正文】如来名号亦由圣教假名施设，如是言说性清净故，圣者于中不得少法。然于圣者，亦无有法及与非法。亦无有法名为圣者及非圣者。无有少法与彼相应或当相应。于此如来所有演说，皆应了知，亦复不应随俗而转，如来能说法及非法，亦不建立有法非法；如来能说善不善法，亦不建立有善不善；如来能说一切诸法，亦不建立有一切法；如来能说法无表示，亦不建立有无表示。无边庄严，如来所说此甚深法，无净业者不能了知，若有乐求无上菩提，于生死中求解脱者，应当觉了诸佛如来所演说法。无边庄严，若诸菩萨于此法中能解了者，应无犹豫，不取不舍，亦不见有少法生灭，无有戏论，非无戏论，则能演说此真实法。于此演说真实法中，亦不执著。

【疏】由如来名号亦为假名施设，说无所得义。说时用辩证来说，例如“如来能说法及非法，亦不建立有法非法”等等，即是。

【正文】无边庄严，譬如须弥山王，与诸福德善根众生所用宫殿作依止处，众生于彼而受欢乐，如是如是，作善根者诸菩萨等，于此法宝积集教中而能听受。由此法宝，菩萨能得一切智智。无边庄严，此契经法，能随顺入无上法智。为欲开示如来法藏陀罗尼故，如是流布此陀罗

尼，能摄一切所有广大真实之法。诸佛如来所说之法，皆悉从此无边陀罗尼门之所，流出此陀罗尼，为欲清净一切法门，是故如来开示演说此陀罗尼，能摄一切契经等法，不成不坏，无初中后。此陀罗尼如来护念，遍于十方诸佛世界，能作无量无边佛事。

【疏】此处强调由陀罗尼门可摄一切教法，同时能摄入智识双运境界，所以"由此法宝，菩萨能得一切智智"。一切智智即是佛智，所以说为"无上法智"。此陀罗尼门即可称为"如来法藏陀罗尼"。

【正文】无边庄严，于此最初陀罗尼品、说义品、理趣品中，而能摄受一切诸法。无边庄严，彼中诸菩萨等，欲随觉了此教法者、欲流注法令不断者、欲入诸法无住印者、欲随觉了无有障碍秘密门者、欲随发起趣向加行大精进者、欲随觉了诸法性相说此法者，应当受持诸佛如来所演言教。既受持已，随应了知一切所有秘密言词。欲随趣入总相演说文字智者、欲随觉了演说诸法差别理趣者、欲随忆念一切诸法简择智者，为欲利益安乐一切诸众生故，施设胜义，善随机根，授与众生令得利益。

【疏】此段说初陀罗尼品，为说义品、为理趣品，此即相当于密乘的基续。

所说义理，为"诸佛如来所演言教"，但却"应了知一切所有秘密言词"。若知密意，则得一切教法；若依言取义，则失密意。

此初陀罗尼品，须了知佛一切密意，然后趣入总相（如来藏的智识双运相），然后"演说诸法差别理趣"，此即演说种种差别法异门，如唯识、中观，二者即是有差别的法异门。唯识说诸法于识境中如何成为有，中观说诸法于识境中如何自性空，此即差别。

【正文】若称扬法、若流传法、若演说法，以资粮心哀愍利益，求佛之智，不于少法而生执著。由不执著无有所取，亦不观察无二法智，亦

不示现内智外智，不于少法而生厌足，亦不应以下劣精进希求上智，勤修一切甚深之法。所有难问随义而说，应住自利及以利他，应善观察自他之想，入一切法皆悉无我，我清净已，随入一切诸法清净，爱乐开示，演说言教。若问不问，乃至少法不生悭悋，菩萨应作如是四无量心。我为利益诸众生故，随与胜施最上之施，所谓无上法宝之藏，我今当令一切众生与不可说法宝相应。假令众生作诸重恶，终不于彼生悭法心，离诸悭惜，能为舍施，为法施主。我今当作如来之事，一切智事，令诸众生舍离重担，于大瀑流，当以法船运度群品，能令众生得于一切安乐资具。菩萨当以如是悲心发生觉慧，速疾证于殊胜之法。于此契经陀罗尼门，演说诸法差别总持，当得成就舍离生死，不为他论之所摄受，能破一切外道诸论，降伏魔军。为欲灭坏诤论法故，应如是住。

【疏】强调此陀罗尼门，可利益一切众生，即因此陀罗尼为“一切智事”，可令一切众生不舍离世间而舍离重担，是即不舍识境，得入智识双运境界而作舍离。

经文中有一句很重要：“亦不应以下劣精进希求上智，勤修一切甚深之法。”所以若落于事相来观修，便非正行。如今许多依密乘法作观修的学人，着重事相，唯修事相，那便辜负了祖师传下来的观修仪轨。

复次，经言：“入一切法皆悉无我，我清净已，随入一切诸法清净。”这一句经文，可以纠正许多学人的看法，他们误解唯识，以为先见外境无有，然后由推理来决定外识无有，若如是时，那便是先入一切诸法清净，然后才入一切法悉皆无我。亦即先无我所，然后无我，这说法实与佛的密意相违。

【正文】无边庄严，此陀罗尼门一切如来之所摄受，善作忆念。譬如后身菩萨，住于三十三天、夜摩天、兜率陀天、乐变化天、他化自在天中兜率陀宫，一切诸天承事供养，一切众生咸生爱乐，成熟善根摄诸胜福。余有一生，施戒福蕴具足清净，成就一切殊胜智蕴，于此三千大千世界，一切众生所不能及，而能映蔽一切有情所有善根，亦为一切诸有情等恭敬赞叹，现前获得一切智智。

若彼菩萨，从兜率宫下阎浮时，即于中国无怖畏地最胜妙处，在大城内一切众生众会之中，降生出现，为诸众生瞻仰礼拜供养恭敬。此陀罗尼契经之门，亦复如是。入于一切诸法之中，而得安住。一切诸法皆从此生，亦从此灭。菩萨于此得安住已，成熟增长，于一切法而得安住，一切法中而得自在为其主故。

菩萨最后受身生于人中，以无观视一切法印三摩地力，普遍观察一切有情，及遍观察一切三千大千世界，由得法陀罗尼醍醐之味，以广大心，善住广大智慧境界，终不贪爱一切欲乐玩好资具，亦不希求一切染法，端严相续，由住彼空三摩地觉，能善观察一切诸法，随得无相方便善巧，而于一切无所执著，能善了知一切三界有为之法，无非过患，安可贪著，应求出离，速得寂静极寂静界，及胜解脱胜出离界，然于彼识不住不著，观察生灭，积集散坏。于诸有情起大慈悲，为成熟故，生出离觉，以觉理趣，随宜方便，能随顺入最胜智慧，随念一切有情，善巧方便而得自在，随得诸法无有障碍陀罗尼善巧理趣。

以善巧智，简择观察一切有情，及善观察不思议法决定理趣，虽复少年，端严美丽，于诸欲境曾不爱乐，舍离所有一切资财、珍玩、众具、亲戚、眷属，思维观察，以厌离心希求寂静。从家出已，趣于非家，既出家已，而能成就不思议觉甚深方便，随所作业，积集资粮，趣向无上菩提道场，随愿庄严，获得无上陀罗尼印，甚深方便最胜尊顶。由是清净陀罗尼门善巧理趣，遍持善巧。彼既得于一切智智陀罗尼门，随得决定一切智智。善清净已，安住无上一切智智。加持之力，能转无上清净法轮，亦能随得一切法智巧妙言词诸法。譬如盛日光明照耀，如是法声光明遍示一切天人之类。

无边庄严，菩萨住于一切智智陀罗尼已，得阿耨多罗三藐三菩提。彼陀罗尼门句义差别，诸余菩萨所不能知。若一生补处菩萨坐于道场，以清净觉，无师自悟，此陀罗尼而得现前。亦犹菩萨为菩提故，无量劫

中积集善根，于其长夜久修梵行，得深法忍，哀愍一切诸众生故，大慈悲心方得现前。

无边庄严，菩萨由是陀罗尼故，坐于道场，当证阿耨多罗三藐三菩提。我今于汝不可示说，汝得菩萨智慧现前，能证彼法。当于尔时，诸菩萨等自应解了。尔时菩萨得无边门、无量门、因门、无譬喻门，悉皆现前，而得门者不可宣说，超过世间，不共一切天人魔梵及诸沙门婆罗门等，逮得最上清净之法，一切智智及自然智，菩萨由是能入清净自然之智，能转无上清净法轮，渐次为于无量众生，摄取无上一切智智。于诸法门及涅槃门，得清净故，开示演说无量种种善巧理趣，而能发生持蕴善巧，亦能示现持蕴清净善巧之智，界、处、缘起亦复如是。

【疏】如来藏法门强调菩萨与佛须乘愿再来世间，为众生利益。所以此处大段经文，即说菩萨降生以至成佛。此中说佛及菩萨先示现于诸天，受诸天供养，然后降生世间，示现成佛。能示现而不退转，即因其于陀罗尼门得善巧故，能证“一切智智及自然智”，得蕴、处、界清净善巧之智。

菩萨由此陀罗尼，即能依善巧方便，当于“菩萨智慧现前”时，现证阿耨多罗三藐三菩提。尔时，即得“无边门、无量门、因门、无譬喻门”一切法门，由是得决定而证自然智。佛一切智智即是自然智，既是自然，即非由作意成立，亦非各别不同，是故一切如来的内自证智境，皆同为自然智，由是无个体可以成立。凡夫则不同，各别识觉皆有差别，由此差别，成立五蕴，复由五蕴即可成立个体。这些识觉并非自然，由人根据名言与句义而成立，所据的名言句义不同，识觉便不同。例如“仁者乐山，智者乐水”，即是因为仁者与智者各持不同的名言与句义，所以觉受便有差别，此即有作意，故非自然。

复次，由菩萨入胎至成佛的次第，每次第皆有要点，由此即显示诸佛密意，今试罗列如下。

初，菩萨入胎前，住于三十三天等兜率陀宫，受天人供养，已获得一切智智。

其后，菩萨入胎示现于人间，即如此陀罗尼门，由密意说为言说，此言说即安住于人间。这个譬喻，即谓陀罗尼法门与佛无异，皆以隐密相示现于人世。世人不见密意，唯见言说，犹如世人不见佛相，唯见婴儿相，此言说相与婴儿相即是隐密相，由是陀罗尼门与菩萨皆须成熟增长。所以，菩萨由入胎至成佛的过程，即有如陀罗尼法门，由显示言说至人能得其密意的过程。由是即知，菩萨示现成佛相，即法门密意成熟相。此段经文以此比喻，即说密意显露于人间，须要一个艰苦的过程，可知此密意之珍重。我们能认识密意，即如当时的世人能认识释迦成佛。

此说菩萨受生成佛，以三摩地力遍观察一切有情及三千大千世界。此三摩地名为"无观视一切法印三摩地"，所谓"无观视"，即不持世间的名言与句义而观视。由此即住"空三摩地"得"无相方便善巧"。此"空三摩地"实由知一切法本性自性而见空性，因为经言，菩萨是"以广大心，善住广大智慧境界"而得住"空三摩地"，所以"空三摩地"的"空"，一定不是说无自性空这么简单，说无自性空不能称为广大智慧境界，因为只是识境中的推理。这里其实已说到出离陀罗尼门，得无相方便善巧已成出离，因为"无相方便善巧"便是由离名言与句义而成无相。

这里，其实亦说到相碍缘起。经言："能随顺入最胜智慧，随念一切有情，善巧方便而得自在，随得诸法无有障碍陀罗尼善巧理趣。"一切诸法能成为有（存在或显现），实在是于相碍缘起中任运圆成，能适应一切相碍才成为有。能观察到这现象，便是"随顺入最胜智慧"而知一切有情的"善巧方便而得自在"，能任运圆成即是善巧方便而得自在。是故，菩萨即由此观察，而得"诸法无有障碍陀罗尼善巧理趣"。

其后，菩萨由无上陀罗尼门观修，得清净陀罗尼门果，即"得一切法自然之智，及无障碍一切智智"，如是即为成佛。

如上经文，亦即说三陀罗尼门的总义，亦可以是一个成佛的过程。

【正文】又令众生发生趣入圣谛法门，亦能示现圣谛清净善巧之智，又能发生三十七品菩提分法差别善巧，亦能示现菩提分法清净之智，而能发起持奢摩他毘钵舍那善巧之智，亦能示现持奢摩他毘钵舍那清净善巧，又能发起持三摩地三摩钵底善巧之智，亦能示现禅三摩地、三摩钵底清净善巧，又能发起持无迷惑功不唐捐善巧之智，亦能示现持无迷惑功不唐捐清净智慧，又能发起持厌离尽无生之智，亦能示现持厌离尽无生清净善巧之智，又能发起持明解脱善巧之智，亦能示现持明解脱清净善巧，而能演说大涅槃门，亦能住持一切句义舍离，清净善巧方便。于有为、无为、有漏、无漏、世出世法，以无量名表示宣说。法门清净故，为诸众生开示无上决定之法，及持清净微妙智因。

【疏】何以佛及菩萨于世间示现时，能得世间善巧，即因其能得出世间善巧，此即于一切法门善巧。一切法门者，例如，四圣谛、三十七菩提分、观修止观、入等持等至、离迷惑、尽厌离、证持明等。如是种种，即由凡夫而至成佛的见、修、行、果，经言，皆可由此三陀罗尼门而得，故三陀罗尼门，即凡夫能依止以成佛的法门。

此处说“示现持明解脱清净善巧”，即是密乘的意趣，唯密乘始建立四持明位：异熟持明（rnam smin rig 'dzin）、寿自在持明（tshe dbang rig 'dzin）、大印持明（phyag chen rig 'dzin）、任运持明（lhun grub rig 'dzin），由此知本经虽为释迦所说，但已演密乘法。

【正文】无边庄严，如来说此大陀罗尼遍持方便，为一切智陀罗尼善巧之力，得安住故，随诸众生一切本愿，示如是行，令入随觉理趣差别，善能开示陀罗尼威力无上法藏，而能流注降洒法雨，润洽一切枯槁有情，施以妙法咸令满足。汝等应当随如来学，于此甚深决定之法，不应违逆，汝等于此一切智智大陀罗尼，不久当得遍持自在，住陀罗尼。为诸众生，当作如是无量义利，如我今者。

汝等当以无量异名开示演说此陀罗尼，决定诸法甚深智慧。无边

庄严，此中应当希求胜解，不应舍离菩提资粮。云何应当希求胜解，谓诸菩萨，应当解了一切诸法，不生不灭，不动不住，不来不去，自性空寂。于彼空性亦不执著，何况于相起执著想。彼空性中无有相想，若彼空中无有相者，能入如来说有为空、无我我所、一切我人众生寿者。如是空性，非染著非不染著、非污非不污、非迷惑非不迷惑、非爱非不爱，不住于空，亦不遍住，亦不建立。若空厌离，彼即寂灭，无有分别，无遍分别、无胜分别、无普分别、无有功用，乃至无有少法可取，自性清净，彼即诸法本性自性，一切有为本性皆空，乃至一切善不善法，有为无为，世出世间亦复如是。菩萨摄受如是胜解，得入解脱解脱智见，及能摄受普净无垢解脱之处菩提资粮。

【疏】本段经文说此大陀罗尼法门，即是成佛的善巧方便，有情应依此法门而成就，并应向一切有情宣说此法门。如何宣说？佛并不是说要直接宣说这三陀罗尼门，而是，依据这三陀罗尼门的密意，善巧方便由种种法异门而说。这便解释了，何以有初转、二转法轮的法，这些都是善巧方便的法异门。此说为“以无量异名开示演说此陀罗尼，决定诸法甚深智慧”，即是说，由此陀罗尼法门，可开展为一切法异门，且能决定一切法异门的甚深智慧，所以此陀罗尼门即是无量总义。亦即，既入无量总义，即使随缘演一切法异门，亦能由一法异门决定甚深智、究竟智、根本智、自然智。由此可知，无论对哪一种法异门，都须知诸佛密意，不能执著于语言文字，更不能断章取义，否则便只是法异门的言说。

经文末段说离种种分别，实由正见空性而来，并再作提点，正见空性即知一切法本性自性，可见三陀罗尼门实以现证本性自性空为密意。

【正文】云何名为菩提资粮？谓戒清净、智慧清净、三昧清净、解脱清净、解脱智见清净、施波罗蜜清净、戒波罗蜜清净、忍波罗蜜清净、精进波罗蜜清净、禅波罗蜜清净、慧波罗蜜清净，若彼清净即普清净，若普清净即无垢法门。性净之心，光明照耀无有烦恼，彼心常住本性空寂，

亦无照耀，客随烦恼三种染污，彼皆不实，空无所有。如是心性，不与烦恼清净相应。何以故，是心无二，亦无二分，本性清净。若能如是了知心性，非烦恼染之所染污，非内非外，不在中间，皆不可得，唯除妄想因缘和合。虽有心生亦不可见，十方推求了不可得。亦无有心能见于心，如是攀缘，非心和合，心亦不与攀缘和合；亦非因缘与心相应，心亦不与因缘相应。

【疏】此处说资粮道，示种种资粮。于中强调"清净"，即使六波罗蜜多亦须清净，此即须由离名言句义而得清净，即使六波罗蜜多的名言亦不可执著，这才成为无垢法门，常住本性空寂。留意经中更说，此清净心性，"不与烦恼清净相应"，此亦即说，并非将烦恼清净即得此清净心性，得清净心性，与将烦恼清净无关。为什么？因为心无二分，本性清净，所以此清净即非因将烦恼清净而来。由此便可以解释，于观修时，须无作意、无舍离，若作意于将烦恼清净、将烦恼舍离，那便等如将心分成二分，清除了烦恼分，然后得清净分，若如是建立，即非佛密意。

说"是心无二，亦无二分"，亦即说心法性与心性双运，既然双运，即不能说为二分，所以，如用黑白线搓索，即非双运，只是二分。

《大乘起信论》未说至究竟，即是因为将"心真如门"与"心生灭门"分成二分，说为"一心二门"，未成双运。必须认识双运，才能认识心性，所以当资粮道圆成时，行者已悟入智识双运境界。能明此义，始能知资粮道之所为："如是攀缘，非心和合，心亦不与攀缘和合；亦非因缘与心相应，心亦不与因缘相应。"这便是须要离一切名言句义，才能了悟诸佛密意。

【正文】唯由心故，彼一切法与心相应。凡所有法与心相应，非互相知，亦不可见，何况诸法非心相应。以第一义思维观察，无有少物可相应者及不相应。何以故，无有少法与少法相应及不相应。一切诸法自性寂静，自性亦不与少物相应及不相应。

【疏】此处简别唯识、唯心。是故“唯识无境”、“一切唯心造”皆非究竟。说所有法与心相应，其实“非互相知，亦不可见”，是即所谓相应，其实并非相应。这样说，即否定心性可以成为一切法自性，因为一切法若能与心相应，且互相知而成可见，则可以说一切法自性即是心性。

由此简别，心与物的关系，只能说是“唯心所自见”。“唯心自见”即不须相应，见是主观的功能，并不由见而成立外境，外境则是客观的存在，主观与客观不相应，只能说，主观所成立的物象并非外境的实相，是故二者不须相应。如是建立，即为下面说“本性自性”铺路。

【正文】一切诸法所有自性，即是本性。若是本性，彼无自性。汝今当知，若以言说得一切法本性自性，无有是处。于诸法中无有少法名为诸法本性自性，一切诸法本性皆空，一切诸法自性无性，若空无性，彼则一相，所谓无相。以无相故，彼得清净。若空无性，彼即不可以相表示。如空无性不可以相表示，乃至一切诸法亦复如是。是空无性非染非净，然是一切诸法本性。若是一切诸法本性，非由染净之所建立，无住无起。

【疏】此处说“空”，以释迦二转法轮说空法异门故。

通途说“无自性空”、“空无自性”，此处则说“一切诸法所有自性，即是本性。若是本性，彼无自性”。于智识双运境界中，识境的自性，即是本性。何谓本性？荧光屏上的影像，当以荧光屏性为本性；镜影，当以镜性为本性；水中月，当以水性为本性，因此，识境中一切诸法的自性，当以智境性（法性）为本性。所以一切诸法无自性，即因以本性为自性之故，本性既为法性，则其自性亦当为法性。若施设法性为空，则一切诸法可说为空性，或说为无自性。由此可知，佛并非由缘起来说空性，缘起所成的一切法，说为“缘生”，既是缘生，在识境中即当成为有，不能说识境中生起一种事物，这种事物却为无有。至于“性空”，则依缘生法的自性为本性而说。这样来理解二转法轮的“缘生性空”，才能知佛的密意。

此处尚须略说相碍缘起，缘生以相碍缘起为究竟，识境于智境上任运圆成，是即缘生，而且决定是缘生而成为有，但若探究其自性，则必须归于本性，既依智境生起，其本性当然即是智境的性（如上来说，镜影必以镜性为本性等），所以说本性自性并非否定缘起，反而，说因为缘生，所以性空，那就是对缘生的否定。须如是了知，始能知施设空性的密意。

【正文】无边庄严，汝今当观一切诸法，无住无起，无所建立，本性清净。云何众生于中迷惑，此由世间乘虚妄轮，为虚妄轮之所迷惑。所言乘者，亦无有乘，亦非无乘。而此世间乘虚空轮，为虚空轮之所系缚，然虚空轮亦无所有。此诸众生，为大愚痴之所迷惑，而于其中无有愚痴，亦无迷惑。

无边庄严，汝观众生以愚痴故，于此法中不能了知，住于诤论。无边庄严，住诤论者即为非住。然诸世间以迷惑故，不能了知彼即清净。若不住者即名为住，是则不住清净善根。

【疏】众生迷惑，即为名言句义所缚，是名为“世间乘虚妄轮”。对于空及空性，入虚妄轮者甚众，是即“为虚空轮之所系缚”。

【正文】无边庄严，如是如来秘密法门难解难入，唯除汝等能于长夜修行善法而得了知。无边庄严，如来尝说住诤论者则为非住。云何为住，所谓不善。然不善者是无所有，若有于此无所有中，不能了知住与不住，无有别异，是则名为住于诤论。若复有住清净善根，则不名住，若不住者无有过失。无过失故，则能了知。如是法门若不清净，无有是处，若诸众生无有智慧，为大烦恼之所覆蔽，无智慧故。假使少有明了顺说，尚不能解，何况秘密非随顺说，若不住者是则清净。云何不住，谓不住善法及出离界。何以故，无出离界及界施设，于涅槃界若不住者，

名得涅槃。此涅槃名但假施设，如是涅槃无有所得，亦复无有得涅槃者。若有得者，则应灭后更有如来；若无得者，则应灭后无有如来。若灭度后，言有如来及无如来，俱不可说。此不可说，亦是如来假施设句。

【疏】重言“如来秘密法门难解难入”，实在因为智识双运的如来藏境界，并不容易通达，一旦执于佛的言说，落于宗义，便容易持言说、宗义来否定如来秘密法门的究竟见。所以这里说，“住诤论者则为非住”、“住清净善根，则不名住”，可以说，释迦牟尼早已预见后世易起诤论。“非住”即是错误地住，诤论即由种种错见而来，所以非住不同于不住。

不住则是清净，无出离界，无涅槃界；无得出离，无得涅槃。何以故？于智识双运境界中，无所谓出离，以识境恒时不离智境，既恒时不离，若离识境，即同时应离智境，此不应理。亦无所谓涅槃，涅槃为无所得，此“无所得”实依识境而施设，若真无所得，则无智可证，是则不能成立如来法身。

在这里，分别住、非住、不住，即是入如来秘密法门的甚深见，只有不住出离界与涅槃界的善根，才能入这甚深秘密法门。所以许多说如来藏的经论，都强调这个法门会受一些人不信，甚至诽谤，此即世人多落于宗见，持名言句义，且执著佛的言说。时至今日，更成断章取义来执著，于是如来的密意即不可得，所得的只是相似法。

【正文】有诸众生，于甚深法不勤修行而生疑惑，若有说言如来有色，灭度之后应有如来；若有说言如来无色，灭度之后应无如来。乃至灭后非有如来、非无如来，亦复如是。若法不生不灭，彼法灭后，不应说有说无。如是如来不生不灭，彼亦灭后，不应说有说无，乃至边无边等，如来说彼俱不可说。若说有边，则无有中；若说有中，则无有边。所言中者，非有非无，若复于中实有实无，是则便与缘起相违。若复有法非从缘起，及非缘起，彼法不灭，若有若无俱不相违。所有一切从缘起法，及缘起法此无中边，非有非无。若非有无，云何可说。无边庄严，如来

以大方便安住彼中，为诸众生破无明，开示演说不违缘起，一切诸法皆入缘起。若入缘起，是则无有中边之说。若离言说，乃至无有少法可得。

【疏】此处说种种边见。凡对如来秘密法门不信解，甚至诽谤的人，都实在是因为落于边见。今时中观宗末流，误解缘起与空，便说如来藏为外道见；唯识宗末流，根本不管弥勒、无著、世亲的说法，甚至不管近代唯识学者，如欧阳竟无、吕澂等人的说法，对如来藏妄加诽谤，即由于学中观、唯识而落于边见。

此处所说边见，即说如来有色、无色；如来灭后为有、为无等，随文可知。

说破除偏见，复强调识境的成立，须依缘起。但却须知，缘起法无中边，非有非无，此即立足于智识双运的见地。如唯落识境，则必须说缘生为有；如唯落智境，则必须说缘起法无有，是即二边，非中道见。

【正文】无边庄严，汝今当观无所有法，无有边法说名中道。以于方便说有觉慧能持诸法，然持法者亦不可得。不可得故，无有言说。无边庄严，汝等智者应如是知，一切诸法真实之相，不来不去、无分无断、不一性不异性，到一切法第一彼岸，无有少法不到彼岸。到彼岸者即是涅槃。一切诸法悉涅槃相，是故当知不可宣说，唯除世俗说为中道。如是中道，彼即趣向大涅槃路，亦无涅槃是彼所趣，若有涅槃是彼所趣，而于诸法应有去来。一切诸法性皆平等，是故涅槃名无所趣。无边庄严，此名中道，然此中道即非中道。何以故，无增无减故，无边无取故。法若无边云何有边，谓无处所是无边法。凡夫众生，于无处所执为边处，见边处故不得解脱，以于真实无处所故。

【疏】此处说中道。

一切诸法实相，都离相对，所以不来不去、不常不断、不一不异，以来去、常断、一异皆是相对法故。离相对，则无轮回与涅槃，识境与智境的分别，既无分别，便可以说，“无有少法不到彼岸”。所以，离相对缘起，才是“趣向大涅槃路”，是即中道。然此中道亦是假施设名言，不可由边而说中，于实相中，无中无边。所以经言：“此名中道，然此中道即非中道。”

读者对此须深加体会，才能理解智识双运的境界、如来藏境界、如来秘密法门境界、方便善巧一切诸法陀罗尼门境界。

此中亦有次第。初，须知一切诸法真实之相，亦即离识境相依、相对之相；复次，既离相对，即无轮回与涅槃的分别，由是决定无有少法，不到涅槃。更次，由于必须依世俗相观修，因此，便须依世俗施设中道，此中道即为究竟决定。最后，由观修中道，得无所住，若无所住，则一切边见尽，亦无中可立，无边无中始为中道。下面说中道，即此无边无中的中道。

【正文】无边庄严，汝观如来以善方便决定觉慧，乃能演说如是中道。无边庄严，诸佛如来于一切法无有疑惑、无忘失念，诸佛世尊心常在定，得三摩地无碍自在，常善观察，安住最胜三摩呬多而说语言，无量知见不住非处，说清净法、说究竟法、说寂静法。如来所说无有遗余。

【疏】经言，“如来安住最胜三摩呬多而说语言”，三摩呬多(samāhita)即是等引，能于定中等引平等、引起平等方便，由是而说中道。依智识双运，佛内自证智境与一切识境平等，更由平等方便即可言说中道。因此，中道者，实即智识双运境界，此境界亦不可思议，不落言说，若依法异门，则如吕澂所言，可说为空、无相、无愿、如、实际、法性、法身、涅槃、离自性、不生不灭本来寂静自性涅槃。是即为，说清净法、说究竟法等，非言说清净、究竟，以密意为清净、究竟。

【正文】无边庄严，如有宝珠名种种色，在大海中，虽有无量众多驶流入于大海，以珠火力令水销灭，而不盈溢，如是如来应正等觉证菩提

已，由智火力能令众生烦恼销灭，亦复如是。

无边庄严，若复有人于日日中，称说如来名号功德，是诸众生能离黑闇，渐次当得烧诸烦恼。如是称念南无佛者，语业不空。如是语业名执大炬，能烧烦恼。若复有人，得闻如来及佛名号，离诸黑闇，与彼众生为涅槃因。

无边庄严，我为信于如来，众生及诸众生烦恼灭故，降澍法雨。无边庄严，如来所说是法真实。以真实故，无有少法开示演说，而于是法无实无虚。无边庄严，如来是实语者，住真实法，能演说此陀罗尼门。无边庄严，此真实法谁当能了，唯除菩萨如实见者、具足见者、作善业者，于甚深法余无能了。

无边庄严，于此义中应当随顺。自于此法系念现前，不信乐余，从他生智。为欲利益安乐众生，于此法中应生随顺，若于此中生随顺忍，是则不住不随顺中。无边庄严，无闻众生无随顺忍，于此法教不能了知，或复有余异见所行，乘异路者、趣恶道者、不作善者、亲近诸余行异行者，彼等不能入此法门。

无边庄严，汝今当观，若有说此无障碍藏法光明时，所有一切无闻众生，未善调伏凡夫心故，无有威仪，由此远离如是法教。若有众生能修习身，于此法中，假使无有能随顺忍，尚不远离，何况有能生无漏忍，无有执著，于此众会能转无障无碍法轮。何以故，此等皆住无障碍地。

无边庄严，我为成就善根众生，及为如来加持众生，于无碍法见清净故，亦欲利益哀愍一切故，演说此陀罗尼门。无边庄严，若有于此法门能悟入者，应知彼已住菩萨地，能速疾证无生法忍，不久当得授菩提记。

【疏】此大段经文，先强调如来能灭众生烦恼，所以称颂如来名号功不唐捐，是故须信如来是实语者，于陀罗尼门法义应当随顺，不信乐余法（即法异门的言说），更不由余法生智（从他生智），此亦即须由如来密意生智，由无量总法生智，不应据言说、别法生智。

由佛一再嘱咐，可知本经的郑重。

【正文】无边庄严，汝等于此甚深法门，应生胜解。无边庄严，汝今当知如是法门无执著者，无得忍者，以之为地。若有供养往昔诸佛，能于长夜勤心修习，善身威仪，善护语业，善调伏心，平等智慧随忆念者，心无所住，于此法中善受持者，不顾身命，彼人则能流传此经。当于后时，若有众生于此法中为听闻故，勤修习者尚难可得，何况有能书写、受持、读诵、通利、开示、流布，为他广说，是人不久获得清净陀罗尼门，速疾逮得清净智慧，当能入于一切智智。

【疏】此段为嘱咐，嘱咐护持此甚深法门。

【正文】无边庄严，汝观如来，为诸菩萨得一切智智故，开示演说如是法藏，然于其中无有少法而不演说，如是所说，无说而说，能生清净，及能开示清净法门。一切诸法等虚空相。云何为等，以一切法与虚空等，而是虚空，非等不等，一切诸法亦复如是。如空无边诸法亦尔，一切诸法边不可得，不可得故，无有边际；无边际故，说为无边。若能于中如是住者，是即名为住如来法。住如来法则无所说，若无所说，于一切法以假名相，随应了知。不应于中而起执著，若不执著即不堕边，若不堕边则不堕中，若堕于边则堕于中，是故应当离于中边。若离中边即离一切，若离一切则无所说，由此获得清净智慧。于一切法无所取著，无有所取及能取者。何以故，诸法无我，我无所得故，我性自性无所有故，如是如是。

【疏】重申如何不落边见，如空无边，“无边际故，说为无边”，所以一切言说皆为边际，由是须离言说而知佛密意，故说佛无所说，如是则无所取著而入中道。

世人依名言句义，说“空无边”，解为无限大的虚空，那所说的便只是空间，因此，佛于此处点出，无边际始说为无边，是即离一切边见，始能说为“空无边”。这一点非常重要，若执错见，唯修空性，其实已经落边，必须修“现空”、“乐空”，如是双运，始能悟入智识双运境界、不二法门境界、如来藏境界、无上陀罗尼清净境界。

【正文】无边庄严，如佛所说诸行无常，如是演说无变异义、不相应义；如佛所说诸有苦义，如是演说涅槃义、厌离义；如佛所说涅槃寂静，如是演说一切有为皆舍离义。或无常故、或诸苦故、或无我故、或涅槃故，如是等门，此是如来之所演说。此亦开示一切诸法本性自性，无边庄严，如来以种种名，以种种门种种语言，演说诸法，如来亦不异于诸法本性施设。非一性、非异性，一切诸法非一非异，不可见故，速疾证入虚空自性，趣一切法无所有相。

【疏】此处佛举例何为言说，此即无常、苦、涅槃、厌离、无我等句。由是即明，除说本性自性外，其余等句皆为法异门。

【正文】无边庄严，此陀罗尼门，为诸菩萨本性清净自性调伏，是故发起。言调伏者，为欲调伏贪瞋痴故、调无明故，及令趣入如是平等。以贪瞋痴能调伏者，亦不可得，若不可得即是调伏。无边庄严，或贪瞋痴，如理推求亦不可得，以贪瞋痴空无所有，虚空不实，诳惑愚夫无所安住，彼亦如是。无有住处亦不可得，是贪瞋痴，从于彼生即于彼灭，本性空寂应如是知。云何应知，如其不生，彼则不实，亦不颠倒。

【疏】何谓调伏，无所取著即是调伏，所以说“若不可得即是调伏”，此即“调伏”之甚深义。是故此陀罗尼门，为方便善巧调伏众生的法门。

复须留意，“无有住处亦不可得”，是即行者不应起“无所取著”，“无有住处”想，有此想时，即有所得。观修陀罗尼法门的难点即在于此，行者每每不自觉即落于边见。所以本段经文的密意是，一切言说皆不可执，唯依密意而成观修。行者于作胜观时，即须对观修境作种种观察。

譬如，自以为已无所缘而缘，故无所取著、无有住处，但一生无所缘而缘之念，其实已作意于无所取著、无有住处，如是即落边际。由此可知观修时的难点。一般的训练方法，是修心气无二。

【正文】是贪瞋痴皆以无明黑闇为首，从彼所生。由彼所生，一切皆悉虚妄不实，是贪瞋痴本性清净。如是见者，能生清净不思议门，及能获得陀罗尼门。若有能于如是法中思维观察，是名获得陀罗尼业及智慧业、是名平等了知之智、是名清净菩提资粮、是名精进不放逸地、是名调伏憍放逸地、是名不坏戒见威仪、是名清净身语意业、是名随顺无我智相、是名能断能灭离相、是名出生无量无边善巧方便。

【疏】既无所得，即知所得诸法皆虚妄不实，是故一切法实本性清净，此即观修陀罗尼门的究竟决定，“是名平等了知之智”等，如经所言。

【正文】无边庄严，汝今当观，于此信解出离法中，开示演说一切诸法本性自相，及能开示此诸法门，说一切法等虚空性，能说法者亦不可说，所为说者亦不可得。

无边庄严，我今说此诸菩萨等悟入句门，若诸菩萨于此学已，能得甚深如海智慧，一切他论无能摧伏，随得一切智所趣行，善说法要不由他教，得不思议平等智慧，由智慧故无有所著。能演说此无名无相一切法门，能得邻近诸佛如来，一切智智及自然智所有名号，逮得一切名相清净，随证速疾普遍音声、得悦意声、得殊妙声、得清净声，为诸众生信受语言，亲近咨问，以决定慧能善巧答。所谓时语、如理语、利益语、柔软语、义决定语。以一义说，能令众生了知多义。

【疏】于此说此陀罗尼门为“出离法”，即于说见地后引出观修，所观修者即为“出离陀罗门”。于正说观修前再总结无上陀罗尼门见，此即“由智慧故无有所著”，依此甚深见，即能通达如来一切言说，“能得邻近诸佛如来，一切智智及自然智所有名号”，此为观修出离陀罗尼门的基础。

【正文】无边庄严，汝今当观诸菩萨等，于此修行而能觉了诸佛菩提，能得如是无量功德，断诸爱恚忧恼愚痴，能办所作，得差别智，于一切处已善修学，获具足忍不退失法，意乐清净住于大愿，于诸众生善言问讯。

无边庄严，若诸菩萨于此法中，已不勤修，今不勤修，当不勤修，于诸如来殊胜功德，无有少分。无边庄严，若有菩萨于此法中，能勤修习志求一切，如其所愿、如其所行、如所发趣、如所意乐、当满足者，少极少难，得极难得，若有于此甚深法中能住、能忍，观察简择者，当得证于无尽神通大神通智，超过一切世间智自然智无边智无量智。

无边庄严，此出离法陀罗尼门，若有于此勤修学者，当得近于菩提道场，为诸众生，安住发起大慈大悲，作诸佛事。

【疏】此说勤修陀罗尼门的功德。

出离陀罗尼品第二

出离陀罗尼品第二

【疏】此说道续。

当如理通达基续见地后，如法修行趣入其义，由观修之瑜伽力，舍离识境中一切迷乱，此迷乱为客尘，故能舍离，于舍离后即能现证本性，由是得现证一切诸法无自性，以此现证，即能离一切法之名言句义，不执名言有为实有，且能知本性自性空之义，入无分别，现证诸法平等，是即所谓出离。

道续为基续与果续之中界，道续向上，即与果续相连；道续向下，即与基续相连，由是有相续义，故称为续。

道续观修为生起光明，光明有四种，与无上瑜伽密所说四大光明相应：(1) 解悟光明，(2) 大种光明，(3) 上师光明，(4) 明点光明。下面所说即与此有关，此即密意。

【正文】尔时，无边庄严菩萨摩诃萨白佛言：世尊，云何名为出离诸法陀罗尼门。

佛言：无边庄严，此是出离一切文字印法，一切诸法悉入其中。云何名入，以平等故。一切诸法皆入平等，亦不见法入于平等，不可了知不可得故。于一切法自性如实不分别时，一切诸法悉入其中，离于无作及有作故。由诸文字及以语业演说诸法，如是二种不如实故，性平等故，所有文字及以语业皆悉平等。于诸法中所有言说皆非如实，此是诸法如实句义，所有文字及以语业此二皆无，以无有故，无有真实开示演说。所言文字及以语业无真实者，即是诸法无差别句、无增胜句、无建

立句，此甚深法不可宣说。一切诸法皆非真实非不真实，何以故，诸法本性，非以文字语业宣说可见可得，一切诸法皆无本性，如是诸法，非作非不作、非等非不等、非寂静非不寂静。

【疏】此段说解悟光明之抉择及决定。所谓解悟，即现证心性，此处所说，先说现证心性之抉择，如言："以平等故，一切诸法皆入平等，亦不见法入于平等，不可了知不可得故。"至于决定，则为"诸法本性，非以文字语业宣说可见可得，一切诸法皆无本性"。此即由抉择诸法平等，从而决定一切诸法皆无本性。所谓无本性，以其本性即法智性故，法智性（诸佛内自证智性）不可于识境中用言说建立，是故说之为无，由是说一切诸法无本性。由无本性，可以决定"非作非不作、非等非不等、非寂静非不寂静"。是即于此中有两重决定。

【正文】然于诸法，亦住寂静及不寂静。所言住者亦无所住，亦不变异，亦复不住不变异法。何以故，法无住故不入算数，非由算数建立言教，而能令法入于算数。一切文字语业演说皆不可得，不住于处及一切处。如是文字及以语业，无所从来，去无所至，不住中边。一切文字及于语业，业非业故、非功用故、以于一切文字语业自性空故，文字语业亦复皆空。亦以文字语业他性空故，他性亦空，乃至自他性空故，自他性亦空。自他空故彼则寂静，若寂静者彼则寂灭，若寂灭者，彼一切法即寂灭门。由彼彼门得说法名，若说文字、若说语业，彼一切门亦不可得，门清净故，无所有故。由彼彼门演说诸法，而于此门究竟清净，能平等入于一切法，如是厌离。云何厌离，谓贪本性，贪本性者彼则清净，若清净者彼则究竟，若究竟者云何有贪、云何有说。

【疏】此处说大种光明的决定与抉择。大种光明所得，为意识融入清净光明，是故须离思心所，当离思时，意识即能离识境之二取及名言，从而融入清净光明。

此说"法无住故不入算数"，即离思心所。计度一切法，即是算数，思心所不起，即无计度。说“法无住”，即由抉择自性他性空而成决定。当成决定后，于观修时即能现证厌离。是即出离陀罗尼门之义。

【正文】无边庄严，如是略说无有分别、无有戏论、法门清净陀罗尼门。入是门故，能破无明黑闇重障，能随忆念明法种性，于一切法，得入光明清净法眼陀罗尼门，及能证得文字差别、演说法门。

由是门故，便得入于一切智智，及得近于诸佛如来，于诸法中得为勇健，能破外道降伏魔军，令诸众生增长善根，入于如来秘密之法，随得法门陀罗尼门。由是法门，于十力中获大法光，速疾成就如来之力。

【疏】此段与上师光明相应，所证皆为见分清净，但所说与上师光明之观修不同。

见分清净即是“破无明黑闇重障，能随忆念明法种性，于一切法，得入光明清净法眼陀罗尼门”。强调“清净法眼”，即是说见分。

此处说见分清净光明，即是依如来十力作抉择与决定。如来即是上师，故与上师光明相应。

下面即说如来十力。

【正文】无边庄严，诸佛如来，以十力为力为无上力，超过一切世间之力，能于众中作狮子吼。何等名为如来十力，无边庄严，如来于此，以无上上一切智智，于处非处，以处非处如实了知，此是如来第一之力。由此力故，处大仙位，为诸众生演说正法，及能为转无上法轮。唯除如来，天人世间先无有能如法转者。

【疏】十力第一为处非处力，即如来于因缘业报如实了知，作善业得善报，即为“是处”；若作善业得恶报，即为“非处”。能知是处与非处，即是超过一切世间而见，是即见分清净。

【正文】复次，如来以无分别一切智智，如实了知过去未来现在诸

业，业摄取因，善与不善无量行相，无著无碍，此是如来第二之力。

【疏】十力第二为业异熟力，谓如来对一切众生过去、现在、未来，三世业缘果报生处，悉皆遍知，此亦为见分清净。

【正文】复次，如来以无分别一切智智，无著无碍，能善了知一切有情无量诸行，此是如来第三之力。

【疏】十力第三为根上下智力，知众生上下根，是故遍知其所行，此由超越世间名言句义而知，故见分清净。

【正文】复次，如来以无上上一切智智，如实了知种种胜解、无量胜解、各各胜解，所有分别及妄分别，此是如来第四之力。

【疏】十力第四为种种胜解力，对众生欲乐、善恶能生胜解，此见分因超越世界而成清净。

【正文】复次，如来能如实知无量界、种种界；无量缘、种种缘，世间住处，此是如来第五之力。

【疏】十力第五为种种界力，遍知一切世间种种界，故须见分清净，然后才始能遍知，若不清净，则为一世间之名言所缚。

【正文】复次，如来能如实知，若因、若缘，知见趣道，此是如来第六之力。

【疏】十力第六为遍趣行力，为如来于一切有情世间所趣的有漏行所至处，及涅槃无漏行所至处，皆如实遍知，是亦见分清净。

【正文】复次，如来以于天眼无碍智见，及以无上一切智智，如实了知诸有情等生死之智，此是如来第七之力。

【疏】十力第七为死生智力，知众生死生之时及当生之善恶趣，此亦超越世间之清净现分。

【正文】复次，如来能如实知静虑、解脱、等持、等至，离染清净能出入智，此是如来第八之力。

【疏】十力第八为禅定自在力（或说为“静虑解脱等持等至力”），于禅定中自在无碍，由是见分清净。

【正文】复次，如来宿住忆念，作证明智，如实了知，此是如来第九之力。

【疏】十力第九为宿住忆念力，了知过去世种种事，知种种宿命，此亦见分超越世间而成清净。

【正文】复次，如来漏尽智，证明智，如实了知，此是如来第十之力。

【疏】十力第十为漏尽智力，由证明智永断一切习气，此明智力，即是见分清净。

【正文】无边庄严，如是无量无上一切智力，以是智力悉成就故，为诸菩萨及诸众生，于诸佛智得摄受故，于诸法智证清净故，开示演此无边法藏。

佛复告无边庄严菩萨摩诃萨言：善男子，汝今当观如来所说，如是甚深、如是难了。一切智智力清净故，所有诸法，说名如来及如来力。然于彼法亦不可见，亦不可说。无边庄严，所言力者，此是如来不可摧伏无上法门，于彼安住，开示演说此法理趣，由斯理趣建立力故，能演说此一切诸法无建立性，以之为力，如是诸力无生起性、无有自性、离于自性。如是如来十力圆满，而能开示无量无边甚深之义。

【疏】见分清净即得“无量无上一切智力”，然则见分清净从何而来？即由“一切诸法无建立性”，是即离世间之建立，故说为出离陀罗尼。

【正文】无边庄严，此是诸佛无上法门，住斯门已，便能演说如来十力，及能说此力清净门普清净门。无边庄严，我当复为诸菩萨等，能于法门得清净故，说陀罗尼，汝应听受。陀罗尼曰——

怛侄(地也反)**他钵啰**(二合)**牟折宁 1　你牟折宁 2　牟折宁 3　毘钵啰**(二合)**闼折你 4　阿折黎 5　阿毘耶**(二合、引)**咤你 6　钵啰**(二合)**婆怒揭帝 7　帝誓 8　摩诃帝誓 9　阿钵啰**(二合)**底耶**(二合)**末啰尼 10　阿那**(引)**鞞啰尼 11　阿**(引)**鞞啰拏毘戍达你 12　你驮那钵啰**(二合)**吠设你 13　突啰阿你乞屣钵你 14　鞞虞 15　鞞虞萨嚩黎 16　萨嚩啰尾戍惮你 17　母达啰**(二合)**18　母达啰**(二合)**尾戍惮你 19　萨钵唎缚嚟 20　三漫多钵嚟嚩黎 21　阿揭啰**(引、二合)**弩么底 22　遏他**(二合)**娑惮你 23　僧羯啰**(二合)**尼么掣惮你 24　戍嚟 25　戍啰寐唎曳**(二合)**26　阿**(引)**褐啰**(二合)**尼 27　乌波那末底 28　你那嚟**(二合)**设你 29　三曼多波嚟普里也**(二合)**揭帝 30　驮罗**(引)**弩揭帝 31　阿你迷设你 32　阿伞你迷设你 33　陀**(引)**啰尼揭帝 34　你驮那钵唎戍惮你 35　阿弩达啰毘婆枭你 36　跋致噃**(二合)**37　跋达啰**(二合)**筏帝 38　莫异 39　莫企筏底 40　珊驮**(引)**啰尼 41　乌筏驮**(引)**唎尼 42　阿难多钵啰**(二合)**皤吠 43　钵啰**(二合)**步**(引)**多钵唎嚩嚟 44　设你 45　钵唎**(二合)**些设你 46　摩诃嚩迦**(引)**世 47　阿迦**(引)**舍娑牟萨啰尼 48　弭底弥啰迦啰尼 49　萨婆若钵他**(上)**毘输达你 50　涅槃那钵他**(上)**珊那唎设你 51　莎诃 52**

tad yathā/pramocani/nimocani/mocani/bipramocani/acale/abyārthani/prabha anugate/teje mahāteje/aprati avaraṇi/anāvaraṇi/aparaṇabiśodhani/nidhānaprabeśani/dhura anikṣepani/balku balku svare/svarabiśodhani/mutra mutrabiśodhani/saparibāre/samantaparibāre/agra anusmṛti/arthasādhani/saṃgramacchadani/śūre śūre/birya āharaṇi/upanamati/nidarśani/samantaparipulyai/gate tāra anugate/anibiśani/asanni biśani/

dhāraṇi gate/nidhāna pariśodhani/anudharabibāsani/bhadre bhadrabati/mukhamukhabati/sandharaṇi/upadharaṇi/anantaprabhe/prabhutaparibāre/śvasani/pariśvasani/mahābāgeśa/ākaśasamosāraṇi/bidhiminkaraṇi/sarvaṃjñāpratibiśodhani/nirvaṇa pathasandhariśani svāhā//

【疏】咒文大义亦说观修光明。

【正文】无边庄严,此是陀罗尼印法教、法门,一切诸法悉入其中。若诸菩萨,于此法中如说修行,具胜辩才差别智慧,能善了知最胜出离陀罗尼句。云何名为胜出离句,陀罗尼曰——

娑(上)揭啰阿(上)钵演多 1　苏迷(上)嚧啰怛那婆揭啰珊你折耶 2　阿毘怛你 3　阿三毘怛你 4　阿卑鞞嚟 5　拔折啰(二合)珊你 6　涅陛设你 7　阿乞刍(二合)毘你 8　阿僧乞刍(二合)毘你 9　阿乞沙(二合)耶 10　阿避夜巳(二合)11　乞沙(二合)耶阿钵演帝 12　阿乞师(二合、去)那乞沙演多萨侄里(二合)世(平)13　阿钵唎乞沙(二合)曳 14　阿毘乞疏(二合)避你 15　阿毘揭嚟 16　阿毘揭罗若那揭啰尼 17　莎诃 18

sāgara/aparyanta/sumeruratna/sāgarasannicāya/abhedani/asaṃbhedani/apibare/bajrāsani/nirbhiṣani/akṣobhyani/asaṃkṣobhyani/akṣaya/avyayikṣaya/aparyante/akṣiṇa/kṣayānta/santiśe/aparikṣaye/abhikṣobhyani/abhigale/abhigala/jñānaharaṇi svāhā//

【疏】最胜出离陀罗尼句,即说明点光明。由明点光明现证一即是多、多即是一。

【正文】无边庄严,此胜出离陀罗尼句,若有菩萨,于此法中精勤修习,则能增长智能如海,能以大慈慰喻众生,言我授汝广大法药,破灭汝等无明黑闇,拔除汝等无始无终生死烦恼忧苦毒箭,亦令汝等爱缚当解,超度一切生死瀑流,作大法光,使诸众生善根生长,能得究竟永拔济故。如是善人为善导首,能令入于一切智智,亦复不令有一众生从此无上大智退失，能以大慈普遍一切，令诸众生于未听受与义相应寂灭厌离无生智门得无碍辩。

【疏】所谓“超度一切生死瀑流，作大法光”，即是持明点光明。此即现证明点空性光明，又名“明空双运”。

【正文】无边庄严，若诸菩萨欲说法时，云何于此陀罗尼句，系念现前令法不断，谓诸菩萨处狮子座，以无碍辩，思维如来无量功德。由于方便广大智慧，令善巧地极清净故。若诸众生，于听法所来云集时，当于彼所发生大悲，于诸众生起大慈心，以广大智决定理趣，如实开示令不增减，知诸众生意乐差别，以善分明决定语业及文字句，广为宣说，由是说故，能令自身善根增长，以清净法摄受众生。如来能以无量譬喻，开示演说如是法聚陀罗尼门。汝等若能如是宣说无上正法，是则住于佛所作事，速疾圆满四无所畏。

【疏】此说观修出离陀罗尼（道续）的功德，与无上陀罗尼门（基续）相续，下面所说，即与清净陀罗尼门（果续）相续。

【正文】无边庄严，如是菩萨以大方便清净智慧，善能修习起神通业，所有诸法即能摄取广大智聚。此中何者起神通业？无边庄严，若诸菩萨住神足中，以如虚空无所依想，善能分析大种积聚，如来成就无碍智见无边智见，以智见力，于一切法得善巧智，能善决定，无有少法而可了知，住无所得，住无等等，亦不与俱住阿兰若。住无执著，住清净智，无有少法不知不见，远离黑闇无有障碍，善住无量无边智见。

是故如来平等见，觉一切诸法如幻如梦，及能开示无名法想。是故我等应随佛学，如来智慧无有障碍，能善了知一切众生上中下根，令诸菩萨安住平等起神通业，由是成就神足现前。由是神足加持之力，于戒定慧及以解脱智见，净施法智善能安住，由此能得真实加持，摄受无量差别神变，于梵、世间而得自在，处狮子座击大法鼓，令诸众会皆悉欢

喜，及为众生作大利益。

【疏】上面两段经文皆说观修出离陀罗尼门所得果，与如来十力相应。行者得如来十力，由陀罗尼门之善巧方便而致，并非证入如来法身。圆证如来法身，须证法、报、化三身无分别；身、智、界三无分别。

【正文】无边庄严，譬如大铁轮围山王，以诸众生业增上力，于此世界围绕而住，不令众生嗅地狱香、闻地狱声、见于地狱，如是菩萨于此法中，善修学已，为诸众生，除灭一切有障碍法，授与一切无障碍法。如是菩萨，以金刚智摄受善巧，于此法教悟入甚深，住无所得甘露灌洒。云何名得甘露灌洒，谓烦恼魔、蕴魔、天魔所不能损，纵于死时虽有死魔，亦得自在不起死想。何以故，由彼正士，住于空性无相无愿，于一切法无所分别，不生不灭、不堕不起、不来不去不住、不染不净，亦不怯弱，无有障碍，无有所得，舍离憍慢，其心谦下，内离迷惑，善了于外，见闻觉知所不能摄，了知诸法皆悉平等，如实入于如来法中。以不虚妄，无有变异，安住真如，此即名为诸菩萨等所入般若波罗蜜门。

【疏】此处仍说如来十力之功德，随文易知。

说“此即名为诸菩萨等所入般若波罗蜜门”，明三陀罗尼门与般若波罗蜜多门不一不异，般若法门为陀罗尼门的法异门，然而所证得果则相同。

深般若波罗蜜多即是不二法门，亦即陀罗尼法门，今时则说为大圆满法门，所证皆为如来藏境界。

【正文】于此住已，则能成就无边智慧，由是慧力，能使入于不思议智及诸如来秘密言说，于一切法能善了知，随觉无间等菩提故，随觉无间不可思议，等于菩提不可思议。随觉无间无所分别，等于菩提无所分别。了知无间及菩提法，无所得故，彼亦不作，无间差别，不作菩提平等之想，无间菩提不作不坏、不集不散，于此义中能作业者，于此所说寂静法门而不执著，亦不分别诸业果报，能善了知业果平等。以平等故不得

业果，亦不分别、亦不执著。何以故，彼于烦恼及以业障，获得轻安，远离结因，于诸法门能得照耀，于此陀罗尼品能得光明。彼住如是清净门故，能于十方世界游化，具清净行无所住著，不为世法之所染污。于诸世间天人之中，堪为福田亲近供养。

【疏】此处重申清净光明，所以说"于此陀罗尼品能得光明"，及"具清净行无所住著"。

【正文】无边庄严，我说供养住第八地诸善男子功德无量，何况菩萨于如是法而修行者。若于菩提及以众生，众生之法乃至世间之法无有所得，亦不分别及诸戏论，彼人则能了知此法，如说修行，能消世间广大供养，应以如来供养而供养之。

无边庄严，若诸菩萨修学此法，于诸供养，一切所有皆悉具足。离诸怖畏乃至能舍一切身命，彼于诸法无所摄受，而能摄受广大之法，处无畏座，作狮子吼，降伏外道及外道法，摧灭波旬及魔军众，能除众生一切覆障，当以法船渡诸众生。当示众生一切智道，当能安住一切众生于随顺道。当能令彼一切众生随顺圣谛不相违逆，当为众生开示一切菩提分法，当以法施慰喻众生，当令众生能得法喜。

无边庄严，若有于此陀罗尼门能忍信受，则与得受菩提记人等无有异。彼既闻法，当于己身而自授记，如来法王施设此法，开此法藏，而能安立此陀罗尼印，及能建立此诸法门，摄受我等，是我等父哀愍我者。无边庄严，若有菩萨，以胜意乐能于我所起于父想，彼人当得入如来数如我无异。无边庄严，于此陀罗尼门法品之中，此是第二出离陀罗尼印，演说法藏。

【疏】此处强调观修出离陀罗尼门的功德，为八地菩萨以上始能具足，明此陀罗尼门为甚深秘密。所以能圆成陀罗尼门，即能受广大供养、摧毁魔军、除一切覆障、以法船渡诸众生、成就一切智道。如是，即如得佛授记。由是知此陀罗尼门之珍重。

清净陀罗尼品第三

清净陀罗尼品第三之一

【疏】此《清净陀罗尼品》与果续相应。所谓果，所求证悟的义理为无上究竟，于观修时，由道力清除客尘垢染，于是求证的义理现前，此际可说为解脱，是即名之为果。所以本品所说，与无上瑜伽密续的四大解脱相应。

【正文】尔时，世尊观察四方，作如是类种种神通。以神通力，令此众会诸菩萨等见于十方无量诸佛，及闻诸佛所说之法。尔时，佛告无边庄严：汝观如来，于一切法无有所作，无数、离数及寂静数，能作如是自在神通。如来之力无畏如是。无边庄严，如来之性，不一不异非不一异，无所有故。非有非无，无有自性，非无自性，应如是知如来之性，乃至无有少法可得。如是见者，亦复无有少法可见，若不可见，则无所有，亦无所取。无边庄严，如来之性无少真实，少不真实。若少真实少不真实，是则应言有如来性、无如来性。如来之性离有离无，亦不曾离。无边庄严，一切诸法自性本性，犹如虚空。如是法门，诸佛如来未出世时所未曾说。

【疏】现证陀罗尼果，即得如来力、无畏，于前已说十力，于此处说四无畏。得十力固然是果，但解脱果则由四无畏表出，故于果续即说无畏。

如来的四无畏是如来性，此处于说四无畏前，先明如来性“无少真实，少不真实”，是即不落于有无两边，因为如来性已尽离识境，是故更不应用识境的名言句义来定义，如说为有无。但若究竟，则应依智识双运而说，此时即说为“如来之性离有离无，亦不曾离”。于如来智境，离有离无，但若依智境上自显现的识境，则可说为不曾离有无。所以显现为四无畏的如来性，即应依究竟而了知，因为四无畏亦为如来智境上落于识境的自显现。

【正文】无边庄严，若诸菩萨于此法中如是解者，则能发生无量辩才，于诸法中能为照耀，于佛无畏而作光明。无边庄严，言无畏者，谓得如来最上无畏，能于少法不摄受故、不增长故、不可得故、不遍得故、不随得故。

如来出世，若不出世，法不增减、不遍增减。诸法自性本性常住，法界住性、法界定性。无边庄严，一切诸法住法定性，如是无有不可得故，一切诸法皆妄分别，不以业报而得成就，是故能入一切诸法无业报门。如是诸法无自性故，不如实故，诸业于果非生灭因，于灭趣道，亦复非因。如来但以世俗施设，说一切法有因非因，因自在故、无有因故。此是如来无畏之地，如来具足无量辩才故，能得入大无畏地。

【疏】依本经体例，将识境说为“言说”，将成立识境的如来法身功德说为“无量辩才”，所以这里说“无量辩才”便即是说如来法身功德；说无量辩才“于佛无畏而作光明”，即是说于如来性作光明。

经言“如来具足无量辩才故，能得入大无畏地”，这是说如来具足功德，是故可随缘自显现一切界种种识境。此如来功德不可说之为生因，但亦不是非因，所以无上密续便施设名言为“含藏因”，即以如来法身智境含藏一切识境，识境藉如来法身功德始成显现，是故即以此为含藏因。

须明此义，始能说四无所畏(catvāri vaiśāradyāni)。

【正文】无边庄严，云何无畏？谓诸如来四无所畏。此四无畏，缘觉尚无，何况声闻及余世间。何等为四——

【疏】下面说四无畏，此四无畏与四大解脱相通。

【正文】一者唱言：我是如来应正等觉，一切知者，一切见者。或有一切天人世间，立论于我，言我不能觉了诸法，无有是处。由此能得最上无畏，于众会中正狮子吼，我能演说无上甚深广大法教。

【疏】1. 正等觉无畏。如来对一切诸法，皆平等现证觉知，得一切正见，无可折伏，由是即能依此最上无畏，作狮子吼，“演说无上甚深广大法教”，如演说本经、演说不二法门、演说如来藏。

如来内自证智为法尔智、自然智，故为本初具足，因此与本初解脱对应。

【正文】二者唱言：我是一切诸漏尽者。或有一切天人世间，立论于我，诸漏不尽，无有是处。由此能得住于安乐，我开示此无量俱胝劫所积集无上法藏。

【疏】2. 漏永尽无畏。为断尽一切烦恼障、所知障，是故永无怖畏。

佛于断尽二障时，尽离对治。复以“诸漏不尽”，即“立论于我”，是即不能现证无我，若诸漏尽时，无所对治，则“我”亦尽，所以与自我解脱对应。

【正文】三者：我所宣说出离觉了，于彼修习正苦灭尽。或天世间立论于我，若苦尽道不出离者，无有是处。我不见此相，我不见此相时，得安乐住，为诸众生，示现此法种性，于众会中作狮子吼。

【疏】3. 出苦道无畏。即宣说出离之道而无所畏。

出离之道即离一切边见，现证一切诸法本性自性为无性，尽离识境的名言句义，如实而见一切诸法。出苦道为刹那现证，故此无畏与刹那解脱对应。

【正文】四者：我所宣说诸障碍法，于此或有天人、魔、梵、沙门、婆罗门众，立论于我，于彼习行无障碍者，无有是处，我不见此相时，得增上安乐住。我于众中正狮子吼，我能转此无上法轮，一切外道诸天世间所不能转。

【疏】4. 障法无畏。由现证如来性，能尽除一切障，由是无功用现见光明，现证唯一。

障法无畏为离边解脱，见一切诸法清净，是故与圆满解脱对应。

【正文】无边庄严，此是如来四无所畏，此中菩萨勤修学时，速疾获得无畏之地，于人天中最为殊胜。无边庄严，若诸菩萨，由善修习虚空相故，则能发生不可思议遍清净门。由是门故，于一切法最初了知，见一切法等虚空相，无二无别。一切诸法亦复如是，然于虚空亦不分别，亦不戏论，得义善巧。无少法界所从将来，亦不将去，亦不积集。乃能观察一切诸法，无有积集，不来不去。于一切法行无所行，燃大法炬，为诸众生作法照耀。

无边庄严，汝观此法，能为菩萨几许利益，几许事业。谓佛十力四无所畏，亦复无有少法可得，亦非不得。

【疏】经言“由是门故，于一切法最初了知”，应理解为于一切法本初了知。此即成佛并非新得，所证之智亦非新得，亦非依宗义而证，只是由此陀罗尼门，现证一切诸法本性自性，以本性为如来智境故；说一切诸法无自性，以自性为识境之名言句义故。若由离名言句义知一切诸法本性自性，如是即证入本初，现证自然智，此亦为本初自解脱之义。

【正文】无边庄严，一切诸法等虚空相，为得义利，开示演说业所依事及彼业因，于中亦无义利可得。无边庄严，此甚深法一切世间之所难信，一切世间皆是灭坏虚妄建立，由是于此法毘奈耶不能信受，亦非世间能知。世间皆悉非法，以执著故，言有世间及安住处。假使乃至法想执著，亦无有法而可执著。由于非法起执著故，则与如来及所说法共兴诤论。又不能了一切诸法自性本性，复与无生法等相违，是故于此甚深法教，不能解了。

【疏】执著世间，于是“言有世间及安住处”，由此即成烦恼障；若执著法与非法，即经言“假使乃至法想执著”，“由于非法起执著故”，由此即成所知障，依甚深陀罗尼门，除此二障，即成漏尽，此即漏永尽无畏，亦即自我解脱之义，以诸漏恒依自我故。

【正文】无边庄严，我为一切天人所信，如实语者、无诤论者。如来世尊息诤论故，舍离蕴故，开示演说如是法教。于中无蕴亦无蕴尽。无边庄严，一切有者，所谓一切善不善法，于中都无善不善法，善不善法皆悉寂静，善不善法各不相知，善不善法不相映蔽，以善不善执著因缘，是故如来说一切法皆悉无记，以彼真实善不善法不可得故，若不可得则无有记。何以故，于中无因，无因可见。无边庄严，汝今当观一切诸法皆悉无记。

【疏】说“于中无蕴亦无蕴尽”，都无善不善法等，即离一切边，此即出苦道无畏，亦即刹那解脱之义，以离一切边，现证无边，离一切界之识境，即刹那解脱故。

【正文】若诸菩萨如是觉已，于一切法无记，言说亦不可得，如是法门，为诸菩萨于不善法如实见故，得舍圆满，于法不住，以无记门证入诸法。是无记门，彼则非门。若非门者则不可得，若不可得彼则清净，此是诸菩萨所入陀罗尼清净法门。由是门故，得一切法光明照耀，于诸法中，无有愚闇迷惑犹豫，及能获得无碍法智慧眼清净。

【疏】“以无记门证入诸法”，即是证入大平等性，无善不善分别，即是无记，无记是故平等，始为无上陀罗尼清净法门。得“无碍法智慧眼清净”，是即障法无畏，亦即圆满解脱之义，以一切法皆不住为圆满，此为舍圆满(由得平等舍而成圆满)。

【正文】无边庄严,于此法中应生愿乐。云何愿乐,谓于诸法无所取故,无有执著,究竟离舍,超过摄藏,无希求故。于善不善一切有为及世间法,不观待故。此是无上不放逸地、离攀缘地,于诸法中无有所住,不来不去无所建立,此则说名:慧眼清净究竟远离,无所取故,善能观察,舍离一切自性本性。此名慧眼,言慧眼者,所谓尽灭厌离智性。如是智性,无生无作本性寂静,亦复不与寂静相应,断相应故。亦复非断亦非无断,无缺无减,此则名为:清净慧眼无戏论道。由是慧眼得成就故,以大慈悲摄诸众生,令其发心,住缘众生无尽妙行,及能觉了一切诸法,无有我人众生寿者。彼若证得大菩提时,决定当能开示演说无上法藏,及能清净陀罗尼门,为诸众生种性教法不断尽故,应置法印。

【疏】入陀罗尼门得"慧眼",所谓慧眼,即是"舍离一切自性本性",亦即舍离一切名言句义来作观察。于识境舍离一切自性,于智境舍离本性,如是即不落识境边,亦不落智境边,亦即尽离世间一切建立,故离虚妄、离戏论、尽离一切世俗执著,是名出离世间,于一切诸法无所得,是故证大菩提。

【正文】佛复告无边庄严菩萨摩诃萨言:此陀罗尼清净法门,一切诸佛常所护念摄受开演。住于十方三世诸佛,亦皆宣说如是法门,为诸菩萨,开示三世平等法性,由是能于三世诸法如实悟入此之法门。成就菩萨清净三世总持慧故,彼诸菩萨无有世想,于善不善了知无二,而能生长种种善根,身语意业悉皆清净,能遍清净无量法门。为得清净总持慧故,亦能开演无起作性清净法教,复能开示一切诸法毕竟空寂,犹如虚空。又能示现广大慧光,而为开示清净智故;亦能开示一切诸法及与菩提如虚空性,而为示现一切智智道清净故;又能开示清净道法,即是菩提随其所愿得圆满故;能正了知演出实谛方便善巧,而能宣说无分别

谛故；能善开示诸佛智慧，随顺觉了一切义故。

无边庄严，若诸菩萨于此法中善修学者，能速清净菩提资粮，得住菩提无有远近，不与少法共相违背，亦不于此所说诸法而见远近，不以法及非法随见菩提，通达菩提，绝诸显示。能以平等无显示义，了知菩提。及观诸法寂静义时，不分别菩提。亦不见寂静不寂静义，非寂静外见不寂静，无有少分能观见想，于一切处能清净见，亦无少有可能清净，此是诸菩萨清净智门。

【疏】此处说时空平等，但先以时为例，说为"三世平等法性"，三世平等即过去、现在、未来时无分别，由此无分别，"是能于三世诸法如实悟入此之法门"，由是"能以平等无显示义，了知菩提"，尤其重要的是"及观诸法寂静义时，不分别菩提"，于观一切诸法时，本初觉受无分别，这才是行者住入寂静，所谓寂静，即是不依世俗的名言句义而成觉受。

这里说的是禅定境界，等持、等至、等引都可起寂静的功能。

又，说为"菩萨清净三世总持慧"，是即超越时空所成的现证。因为时空是与生俱来的名言与概念，亦即极微细无明，但在相碍缘起中，亦必须适应时空才有生命形态生起，例如我们这个三度空间的世间，一切事物必须成为立体，这就是对空间的适应。此适应我们不自知，是故落于立体的概念亦不自知，这样便妨碍证大平等性，因为我们会以为一切诸法都是立体，那么，我们的证量便限于立体的世间，甚至一切觉受都是立体的觉受，如是即无法现证大平等性，因为不能周遍一切时空的世间。于说无上陀罗尼门时，已说超越时空，因此这里说观修的诸法寂静义，便提出以现证"菩萨清净三世总持慧"为究竟现证。

得此总持慧，即能了知善不善无二，由是生长种种善根。这亦是超越时空而说，于此时空为善，可能于别的时空为不善，甚至同一时空，对这种生命形态为善，可能对别种生命形态为不善，由是必须知善不善平等，才能生长无碍的善根，如是，始能积聚福德智慧二种资粮圆满。

复次，得此总慧的现证果，为"能以平等无显示义，了知菩提。及观诸法寂静义时，不分别菩提”。为妨落于寂静而成边见，所以又说“亦不见寂静不寂静义，非寂静外见不寂静”。为妨落于清净而成边见，所以又说“于一切处能清净见，亦无少有可能清净”。

【正文】由此门故，而能随念诸佛如来无边法藏陀罗尼门，能遍了知诸有情类自性本性，为诸有情开示演说此诸法藏，能遍清净诸智慧业诸所愿求。于阿耨多罗三藐三菩提，现等觉已，增上意乐终不退转，及能随念善清净愿，于一切法速得自在而能习行。

【疏】此处说时空之空平等，所以说“能遍了知诸有情类自性本性”，此即遍了知一切空间的情器世间，故即如上述“能以平等无显示义，了知菩提”。

【正文】诸佛如来大慈大悲，一切如来善巧法藏，皆现在前，及能示现无量无边大法光明，身常安住诸佛智境。无边庄严，此无量无边法门，谁之增语。无边庄严，无量无边者，谓一切法地水火风虚空识界，皆无量故。欲界色界及无色界，诸有情界无有量故。然无少分诸有情界可得了知，有情无故，如是如是。此有情界不可得不可了知，界无有故，是故诸法等涅槃界，趣入涅槃。一切诸法皆同趣入不可说处，于涅槃界无有少分而可说故。涅槃界中无有障碍，亦无盖覆障碍，盖覆永清净故，是故涅槃界清净最清净。

【疏】此段经文总说超越时空的功德。亦即欲证菩提，非只超越我们这个世间的时空，必须超越一切时空的名言句义，始才为超越一切识境，所以说这法门为“无量无边”。

复次，由时空的超越，说时空所成的界为无有，由是说“是故诸法等涅槃界”，一切诸有情界与涅槃界平等，无有分别，由无分别即可“趣入涅槃”。

下文即更重申时空超越义。

【正文】是涅槃界，界亦非界，远离界故、无有界故、超过界故，然以似界方便显说。所言界者，安住非界及非非界，于言说中亦无有界，但以语言显说诸法。所有言说及能说者，皆不可得不可了知。一切言说即非言说，如是一切言说，如虚空性，等入虚空。由是地界不能言说，无能说力，乃至空界不能言说，无能说力。言识界者，由是但以语言显说诸法，而彼识界，界亦非界，不入诸界，不与界相应，非不相应。从虚空生入于虚空，如是识界，不在内、不在外、不在中间，随其空分之所摄受，趣入虚空。不可施设、不可睹见。若不可施设，彼无所作，余缘相应说有识界。

【疏】涅槃界亦不可说为界，“超过界故”，说为界，只是“以似界方便显说”，这即是说，无论轮回界、涅槃界都只是“似界”。所以一切识界，实从“虚空生入于虚空”，譬如镜影，实从镜生入于镜；譬如荧光屏上的影像，实从荧光屏生入于荧光屏。是故当超越镜影或影像时，即能建立一切镜影或一切影像无分别，“不可施设”。然则何以说有识界呢？只是“余缘相应说有识界”，这即是由相碍缘起成立识界。一切诸法，别别与其障碍相应，当其由能适应相碍而成显现时，即名任运圆成，由是说名识界。

这里所说，便是如来藏四重缘起义，关于四重缘起，可参考笔者其他译著，如《四重缘起深般若》、《细说如来藏》等。

【正文】此是菩萨之所入门，一切诸法本性自性，犹如虚空，以依法界开示演说，而亦无有诸法之界，界非界故，一切诸法犹如虚空。是故如来，说一切法皆是虚空，量难得故。显一切法皆虚空性，诸法本性如虚空故，但以语言开示演说。无边庄严，汝观如来智所演说，尔所清净，彼无法可生，亦无法授与，如是清净法教，是诸菩萨不颠倒智。是故汝等，应当愿乐，不由他缘智得无分别，不增分别，及能清净不可言说理趣法门，由一切法智清净故。

佛告无边庄严：诸飞鸟类于何所行。

无边庄严白佛言：世尊，行于虚空。

佛复问言：虚空复何所行。

答言：世尊，如是虚空无有所行。

佛言：如是如是，一切诸法犹如虚空，无有所行。行无所行，法不可得，是故诸法无有所行，亦复不行。诸法本性无有可行，及无可说，而此法门为诸菩萨得虚空智清净故转，此是无边光明法门。普遍照耀，无量无边，犹如虚空。彼之光明普遍照耀亦不可见。菩萨得是门已，能遍观察十方世界，及能随见一切世间。无边庄严，此是菩萨智所知地，通达智地，而非一切他论者地，彼不能说故。此法理趣是不可说法印，语言显示不可得故。是故一切诸法不印，亦不增印，了知不印，修习善巧故。以虚空印印一切法，以无相印能示现彼虚空无相，无有为相、无语言相，以空无故，说此虚空。所言虚空，彼无实体，故说为空。以真胜义，应知诸法无言彼岸。

【疏】此处将一切诸法本性自性喻为虚空。于佛典中，对于如来法身，只作虚空一喻，而且说，若以其他譬喻来譬喻如来法身，都为邪见，所以，这里便等于说，一切法自性本性皆为如来法身性，亦可说为法性。因此法性实无可定义，因为不能用世间语言来作言说，此即“通达智地，而非一切他论者地，彼不能说故。此法理趣是不可说法印，语言显示不可得故”。

将一切诸法自性本性归入如来法身，由是总结全经。三陀罗尼门，依如来法身得究竟清净见，是无上陀罗尼门；出离一切识境，得证如来法身，是为出离陀罗尼门；由遍出离得法身故，究竟清净，是为清净陀罗尼门。

【正文】无边庄严，我于此中，当说陀罗尼印，能清净句、为虚空句，智清净故，如空无句，无句清净，如是应当了无诸句。其句云何，即说咒曰——

昆筏嚟1　昆筏啰(引)弩娑呬谛2　钵啰(引、二合)弩你3　你珊那(上)尾筏啰尼(上)4　阿昆夜(二合)筏伽(引)赊珊棕设你5　钵啰(二合)皤(去)嚟6　钵啰(二合)皤(去)啰弭输达你7　涅昆羯鞞8　阿(引)迦(去)赊三摩筏娑啰尼(上)9　你省霓10　省(上)伽(上)波揭底11　省(上、去)伽(去)昆牟折你12　阿(引)娜(上)驮你13　阿(引)驮(去)曩昆揭帝14　姜(去)乞沙(二合)掣(去)那钵唎羯么15　遏掣(去)泥16　阿弩钵掣泥17　阿三(去)冥18　地昆耶(二合)19　若曩阿(引)呵啰宁20　钵啰(二合)攘斫刍昆输驮你21　设黎耶(二合、引)播那耶你22　地孕(二合)祇乌怛啰尼(上)23　阿喻鸡24　阿昆喻鸡25　阿三钵啰(二合)喻鸡26　阿昆钵啰(二合)喻鸡27　阿纥啰(二合)钵驮涅贺嚟28　涅提赊钵驮昆输达你29　阿底多(引)那揭多钵啰(二合)底逾(二合)般那昆输达你30　讫唎(二合)多钵唎(二合)羯么昆你谛31　曩多(引)啰他(二合)弩揭谛32　阿僧羯啰(二合)冥33　阿讫啰钵驮昆输达你34　钵驮钵啰(二合)陛驮攘那昆输达你35　涅皤斯36　阿(去)皤(去)婆昆输达你37　三漫多棕赊地赊昆耶(二合)筏卢羯宁38　弭啰(引)疟(上)钵驮涅诃嚟39　钵啰(二合)若弭输地40　呜(上)皤(去)娑阿钵啰(二合)冥迦啰尼41　阿矩罗波(二合)达摩棕唎设那弭输达你42　步多(去)遏啰他(二合)珊棕唎设你43　阿怒耄驮遏他(二合)弭输诞你44　娑竭啰质多弩钵啰吠世45　谜呫钵唎僧萨他(二合、引)宁46　啰湿弭(二合)钵啰(二合)多钵你47　萨婆路迦(引)地钵帝耶攘囊尾输诞你48　阿钵啰(二合)底褐多49　阿僧伽攘那棕唎(二合)设宁50

biparibipari/anusakṛte/apranuni/nisannabicaraṇi/abhiavakarṣaṇi/saṃdarśani/prābdhani/prabhipariśodhani/nirbikalpi/ākāśasamanusāraṇi/nisaṅge/niśaṅgopagate/saṅge bimocani/anādāni/adhanabigato/kaṃkṣacchedaparikaraṃ/acchedi/anupacchedi/asame/asamasame/devabijñāne/aharaṇe/prajñācakṣubiśodhani/śallya avanāyani/tvaṅge udaraṇi/ayoge/apīyoge/asamaprayoge/apiprayoge/

aprabādanirhare/nirdeśabādabiśodhani/atitā/anāgatā/ pratyutpannabiśodhani/kṛtvā parikarma binīte/na arthānugate/ asaṃgrame/agrabādabiśodhani/saṃprabhedajñāna/biśodhani/ nirabhāse/avabhāsabiśodhani/asamantadaśadika/byavalokani/ birāgabādanirhare/prajñābiśuddhe/avabhāsa/aprameyakaraṇi/ akalpadharaṃ /adarśanabiśodhani/budha artha saṃdarśani/ anubodhi agrabiśodhani/sāgaracitta anuprabeśa/meruparisaṃsthani/ rasmipratibhani/sarvaloka adhipati/yajñānabiśodhani/apratihata/ asaṅgajñānadarśane//

佛言：无边庄严，此诸陀罗尼印能清净句，演说虚空分段之句，无有分段，遍无分段。无分段故于中无句，无句清净。由一切法句清净故，为彼发趣住大乘者、希求甚深清净法者，由如来力所加持故，此诸咒句而得流布。无边庄严，若善男子爱乐现证大菩提者，欲为众生作利益者，于此咒句虽未曾闻，而能悟解。若有非人或净居天，持此咒句，当授与彼。若有发趣阿耨多罗三藐三菩提者，诸天子等，亦持此咒而授与之。

【疏】此处明示三陀罗尼门超越一切时空，所以便说“非人或净居天”等，亦可持此咒句，发菩提心，趣入陀罗尼门。

此处说“演说虚空分段之句”，即说能显示出来的陀罗尼印，是虚空分段之句。所谓“虚空分段”，即将本无分段的如来法身，分段来显示，所以下文便接着说，“无有分段，遍无分段”。何以分段而说？此即为显示故，例如显示为我们这个世间的声音，已经即是分段，但亦不能不显示为我们这个世间的声音。这就是言说和密意的分别，密意无分段，言说则非分段不可，必须于此了知，才能观修声音陀罗尼门。

【正文】即说咒曰——

乌波僧荷嚟 1　娑荷嚟 2　纥唎(二合)3　室唎(二合)地唎(二合)底弭

输诞你 4　羯量曩遏他(二合)涅弟闪钵啰(二合)底皤底 5　质多末弩弭攘那弭输诞你 6　阿(引)地耶(二合)怛么(二合)么呬遏驮钵唎输诞你 7　揭底枭蜜里(二合)底末底 8　阿(引)褐啰你岌多 9　岌多钵底 10　萨嚓 11　萨啰筏底 12

upasaṃhare/sāhare/hariśrī/dhritibiśodhani/kalyaṇa artha/nirdeśapratibati/cittamānabijñānabiśodhani/madhyam abiharadvapariśodhani/gatismṛti/mati āharaṇi/gandhagandhabati/sare sarabati//

佛言：无边庄严，有诸天神住雪山中，彼等天神，若如来力之所加持，而能授与诸说法者法之光明。即说咒曰——

末底弭输诞你 1　苏育多寐唎曳(二合)2　阿竭啰(二引)呬多钵驮涅荷唎 3　阿枳逻(引)枭你 4　阿弭逻枭你 5　虋他(引)曩三半宁 6　弭你多三么(引)那钵底 7　末底阿揭罗(二合)怒孽谛 8

matibiśodhani/suyukta/birya agrahitabāda/nirhare/akilasini/abhilasini/utthānasampane/binītasamatabati/mati agra/agrāntagate//

【疏】此为雪山天神加持行人得法光明之咒。咒文由字根、字尾等表义，故看来即不成字。如matibiśodhani，由三字根组成，分开来即是：慧、藕根、珍宝，便可以理解为：出世间与世间的慧。藕根表义出世间，珍宝表义世间。此外，藕根还有总的意思，而珍宝则有别的意思，所以这里便还包含有总法与别法不一不异的意思，再深寻求则可以说是密意与言说不一不异。由此举例，即知咒文实不可解，行者唯持决定见来诵咒，即能由声音陀罗尼光明得法光明。

清净陀罗尼品第三之二

【疏】下面说诸天神咒语，即如上面所说，必须超越世间始能圆证此陀罗尼门。

【正文】尔时，佛告无边庄严：有诸天神住鸡罗娑山，彼等天神，能令诸说法者六根清净。于诸演说开示法时，助其语业令相续说。即说咒曰——

钵啰(二合)多钵怛底 1　吠咘折那筏底 2　没陀末底 3　嚩苏末底 4　达摩末底 5　遏三钵啰(二合)谋(上)沙筏底 6　粤皤珊棕唎设曩筏底 7　乌波僧荷啰涅弟赊筏底 8

pradīpabidhi/birocanabati/budhimati/basumati/dharmamati/asaṃpramukhamati/avabhāsa/saṃdarśanabati/upasaṃharanirdeśanabati//

佛言：无边庄严，有诸天神住娑罗林，彼等天神，能令诸说法者身语意业皆悉清净，及能令彼言音清彻，谓美妙声可爱乐声，及能授与爱语不相违语。即说咒曰——

涅啰(引)蓝婆阿孽啰(二合)羯嚓 1　乞晒么毘制曳 2　涅皤娑筏底 3　涅荷啰筏底 4　乌阇筏底 5　乌波曩酪底 6　乌波僧荷啰羯啰尼(上)7　阿(引)尾舍他 8　伊荷驮啰尼目溪 9　达摩目溪 10　达摩波咤嚓 11

niralambhe/agrakare/kṣemabicaya/nirabhasabati/nidharabati/ojobati/upanamiti/upasaṃharakaraṇi/abhiṣeka/iha dharaṇimukhe/dharmamukhe/dharmabatale/dharmakāma/dharmacantikā//

佛言：无边庄严，有诸天神住雪山南面，彼等天神为说法者，于此

法中勤修行者，乐求法者，爱乐法者，益其精气。即说咒曰——

羯唎耶(二合)曩遏他(二合)微萨若你 1　骄赊唎耶(二合)怒孽帝 2　呜播(引)耶僧仡唎(二合)呬(引)帝 3　微宁目帝 4　扇(引)多钵那微萨啰你 5　乌皤(引、上)婆耶赊筏底 6

Kalyaṇārthabisarjani/kośālya anagate/upayasaṃgrihete/binirmukta/śantapadabisarani/oṃ pasayaśapati//

佛言：无边庄严，有诸天神住大海岸，彼等天神为闻法故，为诸法师而作安乐。如来为欲利益彼故，说此咒句，及天帝释亦能授与此诸咒句，此是能摄帝释等句。即说咒曰——

么弃钵底 1　么苏莽底 2　泥(引)婆(上)阿啰(二合)若 3　舍至钵底 4　萨婆阿苏啰曩 5　涅罗(二合)伽(引)多你 6　未而晒(二合)野 7　素钵啰(二合)底瑟耻多 8　钵啰(二合)莽阿啰(二合)娜怒(上)比 9　阿素啰(上)喃 10　泥嚩南(上)阿地钵磌(知临反)11　萨(上)12　那布啰塞仡唎(二合)觌(引)呬涅 13　泥微呬庶(上)皤(上)细 14　嚩(引)娑嚩萨那 15　布烂棕啰 16　都 17　多(引)闭肆 18　阿素啰(二合)萨那 19　堕喏(上)阿趁(其迄反)林 20　多嚩(二合)钵施埵 21　微图孕(二合)肆多 22　么诃素啰 23　阿素丽那啰(二合)钵啰演底 24　避(引)多啰(二合)悉多(二合)25　那输地赊 26　那莽勃陀肆也(二合)27　已曷底(二合)使曳(二合)28　曩么狱(去)多啰(二合)29　摩诃野舍 30　泥嚩(引)阿素啰肆酩 31　僧孽啰(二合)名(上)32　勃陀摄陀 33　阿耨多啰 34　室啰(二合)末斯 35　泥嚩微誓耶 36　那么勃陀(引)底曩(引)莽斯 37　僧(上)羯啰(二合)么阐(引)那(去)斯末捻(引)38　勃陀囊(引)铭曩嚩呬多 39　微誓曳素 40　多多泥嚩 41　阿素啰室者(二合)42　微宁多梵 43　讫里(二合)多(引)帝 44　啰乞沙(二合)泥嚩(引)南(上)45　么努沙(引)南 46　啰乞沙(二合)三(上)尾那 47　曳翳诃 48　达么你泥世 49　污多嚩(二合)底 50　素(引)钵啰(二合)底瑟耻(二合)多 51　宁疙(鱼近反)里(二合)呬多 52　多嚩(二合)夜(引)阿素(引)啰 53　阿啰(二合)去洒(二合)娑药叉紧那啰 54　曩(引)伽鸠盘咤步多你 55　昆舍(引)遮那曩嚩多他 56　阿者罗悉他(上、二合)曩 57

钵啰(二合)钵靓肆 58　印那啰(二合)印那啰(二合)59　布啰(二合)塞讫里(二合)多 60　阿底严毘(引)啰 61　扇(引)旦(引)者 62　阿孽啰(二合)布路沙 63　细(引)尾囊 64　钵啰(二合)攘漫靓(引)肆 65　泥末那啰(二合)66　勃地么(引)多他微庶路(二合)多 67　阿(引)末舍翳诃 68　素多啰(二合)肆氏 69　阿啰(二合)乞沙(二合)三(上)末娜呬多 70　娑诃萨啰(二合)泥多啰(二合)71　素(引)目佉罨播娑(二合)丽 72　钵唎嚩(引)履多 73　污波闷攘(汝阳反)萨嚩(二合)甘羯忙 74　布啰(二合)迷呬靓肆酪 75　野讫唎(二合)檜 76　阿底钵始遮 77　阿努钵啰(二合)没多 78　阿者罗素钵唎(二合)底瑟耻(二合)多 79　讫里(二合)胆呬 80　据舍蓝布啰(二合)迷 81　么怒世数 82　忙呬(引)钵底 83　布啰嚩(二合)虚牟肆 84　泥嚩(引)南(上)85　布誓印底 86　答嚩忙努(引)沙(上)87　勃陀肆野(二合)讫唎(二合)得嚩(二合) 88　萨得迦(二合)蓝 89　布阇陛杀底 90　帝莫呼 91　摩诃嚩莽宁 92　微者蓝皤嚩南者 93　素庶(引)皤底 94　泥嚩来野肆(去)95　莽地野(二合)肆氏 96　野去疏(二合)呬 97　播履嚩履靓 98　钵啰(二合)滥磨 99　呵唎磨舁者 100　多嚩肆迦 101　微舍那阿疙啰(二合)嚩(引)呬 102　娑哆底么底 103　素啰多钵啰(二合)底 104　娑啰多娑多他 105　钵啰(二合)部(引)萨建陀 106　阿你啰者莽啰者 107　摩诃磨霓 108　摩诃萨建(引)陀 109　摩诃计都 110　素钵啰(二合)地者 111　摩诃磨啰 112　翳帝药叉 113　摩诃帝喏 114　阿啰(二合)乞羼(二合)底皤嚩南多嚩 115　摩护药叉钵唎(二合)嚩(引)路 116　曳那输皤肆嚩娑嚩 117　摩素萨嚩嚩素底喏 118　摩诃帝喏摩诃仰你 119　摩诃钵啰(二合)诃啰怒制嚩 120　阿尾呬(上)娑那耶(引)多替嚩者 121　素名岥暮啰陀(二合)你 122　多嚩嚩娑嚩 123　萨嚩泥嚩 124　布啰塞讫唎(二合)靓 125　庶(去引)婆底 126　婆嚩曩污婆(引)娑 127　钵啰(二合)磨闷者肆 128　底喏娑 129

mahipatibasumati/devarājaśucibati/sarvāsuraṃ nirghatani/ bajraya supratiṣṭhita/pramardanobyāsurāṇāṃ/tebam adhipatyasana/ puraskṛtihinideviḥ śubhase bhasāpasadha/purandharamahāketu/tabesya

surasamadha/dhvajagrāntāpapaśyantva/bidhvansitamahāsura/
asurentrapalabanti/bhitattastanirdesdeśa/namaḥ buddhasyakirtisya/
namaḥ gotraṃmahāyaśa/devāsurasmiṃ saṃgrame /buddhaśutamanuttara/
śrabasyadevabijaya/namaḥ buddhabibhaṣita/saṃgram acantasimaṇibidyaṃ/
menabhiṣitabijaye/sotatadevāsuraś ca/binitabanakṛtate/
rakṣadevanaṃ manuṣyāṇaṃ/rakṣasaṃbidyayaṃ iha/dharmanirdeśottaranti/
supratiṣṭhatinigrihī/tatvāyāsurarakṣasa/sayakṣakinnaranāga/
kumbhāṇṭabhutapūtani/biśacaninabatathā/acalāstanapraptosi/indrapuraskṛti/
adigambhiraśāca/agrapuruṣasebita/praṇamyatasyadebentra/
budhimaṃtathābiśuddha/abeśehasūtrasena/rakṣasamabitahica/
sahasranetrasumukha/apasariparivarta/upamuñcasvakakaraṃ/
pūrvahetusmayaṃkṛtaṃ/atipañca anupraptā/acalasupratiṣṭhita/
kṛtaṃhekuśalaṃbhure/manuṣyeṣumahipati/pūrvaṃgamosya devāṇāṃ/
pūjentenacamanuṣa/buddhasya kṛttva saṅgaraṃ/pūjabeśya titebahu/
mahācamanibicaraṃ/bhavanañcapaśotpati/devalayasyamadhasmai/
yakṣohiparibārato/pralam bhaharibahuca/tapaskara biśatāgra/bahi
satimati surat/pratisaratasatathāprabhuḥ skandhānila camarāccha/
mahābhagi mahāskandha/mahāhetusupradhipa/mahābalamitiyakṣa/
mahātejarakṣakṣanti/bhavanantabahuyakṣa/paribaroyenaśobha/
sebasacabasusarva/basutejamahāteja/mahāganimahāpara/
haranocayibamabhi/nirharayatathaipaśca/sumerumutitabasba/
sarvadevasuraskṛto/śobhatebhavanobhasaṃ/prabhamuñcasitejasa//

佛言：无边庄严，此是能摄帝释等句。若善男子趣菩提者，于彼后时有诸众生摄受法者，及为众生摄法善巧得安住者，由是诸句，天帝释等而当授与此等诸句。

佛言：无边庄严，何者是能摄四天王并眷属句。而说颂曰——

于彼住夜叉　　无忿无扰乱
多闻之长子　　及父咸恭敬

删阇耶夜叉　　及诸胜军旅
而常拥护彼　　爱乐此法者
持国大神王　　恒将诸眷属
彼亦常卫护　　善说此经者
丑目之眷属　　自身与军众
若能住此教　　一切当拥护
增长王亦尔　　军旅及诸众
爱乐此法者　　普皆作卫护
幢幡大幢力　　此住于东方
大称罗刹斯　　彼皆摄入此
而于此法门　　有能受持者
自身与眷属　　常亲近守护
蓝婆毘羯遮　　并及悉驮多
奚离末底等　　此皆住南方
侍卫于帝释　　彼皆摄入此
拥护益精气　　一切智者说
剑离三蜜多　　及伽罗系翅
并与蜜室多　　名称罗刹斯
皆住于西方　　此等皆摄来
说法了义者　　一切常拥护
实谛有实谛　　名称罗刹斯
深信于此法　　彼住于北方
佛为拥护故　　摄彼来入此
由如来威力　　一切合掌住

佛言：无边庄严，何者是能摄四天王并诸眷属、侍从、内宫，令入之句。即说咒曰——

散宁微舍你 1　摩诃(引)萨嚟 2　摩诃揭你 3　摩诃揭若你 4　钵啰(二合)步(引)多微誓曳 5　驮嚩(二合)社阿孽啰 6　污播嚩(引)萨你 7

阿你逻(引)细曩靓娑呵 8　曩曩筏囊棕赊你舍 9　折埵唎(引)路(引)迦播(引)啰你 10　靓肆铭啰(引)若曩污折他 11　阿(引)吠设娜 12　伊呵萨曼嚩(引)呵啰他(去)13　勿啰(二合)皙宁孽啰(二合)呵 14　萨迷折突地舍 15

sannibhaśani/mahāsari/mahāgani/mahājani/praptabijaye/dhvajāgra/upabāsīni/anīlasintusaha/nānābaṃadaśadiśi/caturlokapālani/tusmerajana/ucchiṣṭa/abaśana/iha samanvaharatha/pracinigrahi/sarvacaturdeśa//

佛言：无边庄严，何者是摧伏魔波旬句，汝应谛听善思念之。即说咒曰——

蜜底丽(二合)1　蜜多啰嚩底 2　迦路宁 3　迦路曩嚩底 4　微步(引)底 5　微步(引)多嚩底 6　钵啰(二合)牟折你 7　钵啰(二合)牟折囊嚩底 8　讫唎(二合)多讫唎(二合)多嚩底 9　阿怒仰酩 10　阿怒仰莽嚩底 11　邬播(引)多掣娜你 12　伽(引)么微嚩攘你 13　底唎(二合)瑟曩(二合)娑牟姝(去)杀你 14　你孽唎(二合)呬(引)多忙(引)啰嚩蓝 15　嗢多啰囊嚩底 16　钵啰(二合)底与(二合)多啰嚩底 17　邬闭(引)去沙怒娑呬帝 18　阿(引)滥么囊微输驮你 19　宁那啰(二合)舍曩 20　阿三(引)暮(引)诃你 21　你瑟(二合)钵啰(二合)半(引)者宁 22

mitre mitrabati/kāruṇe kāruṇabati/bibuddhe bibuddhabati/pramocani/pramocanabati/kritakritabati/anugame/anugamabati/upatachedani/kamabibarjani/kriṣṇasamudśośini/nigṛhitam arabalaṃ uttaraṇabati/pratyuttaraṇabati/upekṣa anusahite/aramaṇabiśodhani/nidarṣana/asamohani/niṣprapañcane//

佛言：无边庄严，此是摧伏魔波旬句。由是句故，不令天魔及诸军众而得其便。

佛言：无边庄严，何者是能摄彼大梵天句，汝今谛听善思念之。即说咒曰——

阿地钵底 1　摩诃悉他(去引、二合)曩(上)筏底 2　娑嚩(二合)琰讫唎(二合)多 3　悉他(引、二合)曩酩底 4　曩曩摩护微尾驮 5　钵啰(二合)底与(二合)播萨他(二合)曩伽啰曩 6　阿地伽萨他(二合)曩钵底 7　庶驮萨他(引、二合)曩孽靓 8　娑含(引)钵底 9　阿地羯烂(引、二合)多 10　微庶(引)驮曩 11　庶婆钵唎 12　钵啰庶皤(引)地目多 13　钵啰(二合)勃多(二合)室唎(二合)多 14　你嚩(引)娑囊 15　钵啰(二合)步(引)多 16　钵啰(二合)皤 17　你孽啰(二合)蹊(引)多伽(上)么 18　娑嚩(二合)悉底(二合)伽(引)么 19　钵啰(二合)底与(二合)播萨他(引、二合)曩 20

atipati/mahāsthanabati/svayaṃkṛtsnamati/nanabahubibidha/pratyudupasthanakaraṇa/adhikasthanabati/śuddhasthanagato/sahaṃpati/adhigrantabiśeṣana/śubhapari/baraśubha adhimukta/praptaśrītā/nibhasana/prabhutaprabha/nigrahe takāmaṃ/sbastikamaṃ pratyudupasthana//

佛言：无边庄严，此是能摄大梵天句。由是句故，大梵诸天能授与彼诸说法师清净妙善等，引梵行圆满文句。

佛言：无边庄严，何者是净居诸天法光明句，汝今谛听善思念之。即说咒曰——

微输(引)驮曩嚩底 1　案底么伽(引)噜你 2　伽(引)么磨嚩 3　邬娑(引)多(上)你 4　钵啰(二合)涅酩多(引)你 5　钵唎(二合)演多 6　钵啰(二合)底与(二合)波悉他(二合)曩钵耶(引)7　嚩娑(引)曩 8　阿(引)赖耶微输(引)驮你 9　阿(引)攘钵演多伽啰你 10　案底么泥(上)舍 11　钵啰(二合)底与(二合)播悉他(引、二合)宁 12

biśodhanabati/antimahākāruṇika/abhavaussataṇi/parinirmitani/paryantapratyudupasthana/baryabāsana/alayabiśodhani/ajñānaparyantakarani/antimadeśapraty udupasthane//

佛言：无边庄严，此是净居诸天法光明句。由是咒句而能授与诸善男子我诸法藏。

佛言：无边庄严，若有天王、人王、阿修罗王、迦楼罗王，及诸龙王，或大威德、小威德者，若信不信诸众生等，我皆授与陀罗尼句，令其信者于此法中获增上信。其不信者默然舍之，不令得起语言诤论。说此法时，若有来作障碍留难而悉摧伏。此中何者是能摄取净信者句。即说咒曰——

愚岉那(上)嚓 1　阿者钵丽 2　娑嚩(二合)昆涅呵(引)啰 3　句末泥 4　涅攘曩钵啰(二合)底微岉异宁 5　只多珊者曩你 6　只多钵唎(二合)羯酪 7　只多三(上)钵啰(二合)娑(引)那你 8　么曩肆也(二合)9　呵唎洒(二合)伽啰你 10　微攘曩肆也(二合)11　阿怒娑嚩(二合)底 12　阿怒达么努闭去洒(二合)宁 13　呬都珊那唎舍你 14　多他阿去杀(二合)啰钵那 15　涅泥(上)舍 16　输(引)地多(上)嚩底 17　野他(引)孽多 18　野他努句路(上)播么 19　邬播莽涅泥(上、引)舍 20　微庶(引)地多 21　怛多啰(二合)伽(引)丽 22　曩者羯答微阎(二合)23　三(上)钵啰(二合)娑(引)娜遏他(二合)觏娑么 24　野他(引)怒句嬾者目佉 25　邬波僧贺啰喻你舍 26　阿(引)舍耶肆也(二合)27　微庶(引)地耶 28　野他庶(引)地底 29　罗去洒(二合)曩罗去洒(二合)你 30　罗去洒(二合)曩嚩底 31　罗去洒(二合)囊微输驮你 32　钵啰底吠驮遏他 33　珊那唎(二合)舍你 34　句舍啰冒他萨谜呵 35　钵啰(二合)微者曳 36　娑么娑啰你 37　讫唎多(引)怒阿啰(二合)去史(二合)38　萨底也(二合)遏替 39　萨底也(二合)南(上)40　素微输(引)地帝 41

guruttare/acala/svastinirharagobide/nirjanapratibiliyiti/cittasañcanani/cittaparibāge/cittasaṃprasadhani/manasya hariśakaraṇi/bijñānasvānusvati/anudharamano upekṣaṇe/hetusandhariśaṇe/tahtā akṣarapāda/nirdeśaśodhitabati/yāthāgāthā/yathānukulasamupama/nirdeśaśodhane/tatrakaleñcakartabya/saṃprasadana arthato/samayata anukulañcamukha/upasaṃsārayoniś ca/akāśasya biśuddhaya/yathāśodhilakṣaṇi/lakṣaṇalakṣaṇabati/lakṣaṇabiśodhani/pratibodha/arthasandhariśaṇi/kuśal abodhasarveheprabicaye/samosarani/krita anurakṣi/sadya arthe/satyānaṃ subiśodhane//

佛言：无边庄严，此是能摄净信者句及授与句，由是当能授与说此法师善品及义。

善男子，我今复说摧伏不信者句。即说咒曰——

去洒(二合)迷 1　去洒么嚩底 2　迷多啰(二合)钵唎(二合)羯么 3

钵啰(二合)底与(二合)波娑他(二合、引)宁 4　伽路囊钵啰(二合)底逻(引)婆 5　呬多努剑跛 6　散喏曩你 7　僧揭啰(二合)呵嚩萨觌(二合)8　呬多嚩萨觌 9　散那啰(二合)舍你 10　钵唎(二合)嚩喏你耶 11　嚩喏你 12　簸跛咩多啰(二合)13　细嚩你 14　曩坦多啰(二合)泥世萨他(二合)答微耶(二合)15　野多啰(二合)尾揭啰(二合)呵嚩底怒 16　萨摩孽烂(二合)陀 17　钵啰(二合)那(引)逻你 18　邬波蔗啰珊那唎舍你 19　你舍啰(二合)夜微庶(引)驮你 20　阿(引)多么(二合)怒伽酪 21　钵啰(二合)邬波僧呵啰(二合)你 22　涅酪多(引)你 23　阿怒啰去沙(二合)24　钵啰(二合)底与(二合)波娑他(引、二合)宁 25

sukṣame/sukṣme bati/maitrebarikaṃma/pratyu upasthane/karuṇa/pratilabhahita/anukampasañcanani/saṃgrahabasduhitabasdusandhariśaṇi/paribarajaniyabararajani/pāpamitrasebani/natatradeśasthatabya/yatra bitrahabartito/saṃpragranthapradalati/upacarasandhariśaṇi/niśayabiśodhani/atmānugame/para upasaṃharaṇi/nirmittani/anurakṣapratyudupasthane//

佛言：无边庄严，此是调伏不信者句。由是不令造诸过恶，直尔善法尚多憎嫉，何况于此无上法教。是故此诸咒句，为灭一切诸过恶故，为断一切烦恼故转。

无边庄严，我见众生心无净信，或欲斗诤、或欲损害、或欲恼乱，而来亲近如来。知彼心所动作，随其种类，以诸法门而作觉悟，令其舍离不善寻思，及令发起诸善根因。无边庄严，如来安住于十八种不共法中，能善了知众生心行，及能了知心所摄法。

【疏】对于究竟法门，释迦有危机感，常恐其毁灭，或受诽谤，所以有《法灭尽经》，说究竟法门灭尽，此处即说"众生心无净信，或欲斗诤、或欲损害、或欲恼乱，而来亲近如来"，此即说众生持诤论、诽谤而说如来法门。此犹如今日有众生诽谤如来藏，所以释迦的危机感，并非无因。

由知众生诽谤究竟法，所以下面说"善能了知众生心行"的十八不共法。这便是说，若行者能理解佛的十八不共法，即能自知心行，由此对佛所说的究竟法、对佛的密意，生惭愧心，不敢诽谤。

【正文】无边庄严，何等名为十八佛不共法。无边庄严，所谓如来于某时夜，现觉阿耨多罗三藐三菩提，乃至入于无余涅槃，于其中间，无有误失、无卒暴音、无忘失念、无不择舍、无种种想、无不定心、精进无退、念无退、志欲无退、等持无退、慧无退、解脱无退、解脱智见无退。一切如来身业智为前导，随智而转；一切如来语业智为前导，随智而转；一切如来意业智为前导，随智而转。如来智见于过去世无著无碍；如来智见于未来世无著无碍；如来智见于现在世无著无碍。

【疏】上面即十八不共法，周遍身、语、意三业而成智，即身、语、意三识境转为智境；又能周遍三时，无著无碍，由是能知三时一切众生的心行。

依《大般若经·广乘品》，佛十八不共法为：1. 诸佛身无失；2. 诸佛口无失；3. 诸佛念无失；4. 无异想（平等渡众生而无简择）；5. 无不定心；6. 无不知已舍心；7. 欲无减（常欲渡诸众生心无厌足）；8. 精进无减；9. 念无减（无有退转）；10. 慧无减；11. 解脱无减；12. 解脱知见无减；13. 一切身业随智慧行；14. 一切口业随智慧行；15. 一切意业随智慧行；16. 智慧知见过去世无阂无障；17. 智慧知见未来世无阂无障；18. 智慧知见现在世无阂无障。

【正文】无边庄严，如来成就此等十八不共法故，无量智见力悉皆成就故，能开演此陀罗尼门清净法品。为于不信一切有情生净信故，为净信者于此法门得清净智。无边庄严，如来随所乐欲，以诸无量种种语言，分别解说此陀罗尼门，亦不能说此陀罗尼门断疑理趣百分之一，乃至俱胝百千算数及譬喻分。何以故，此诸法门是无量门，不思议门。此所有门，能得一切智智转故。复次，无边庄严，由此如来以无量异名，今为汝等开示演说此诸法门。欲令汝等普遍了知无量法门，得陀罗尼故，

即说咒曰——

怛侄他阿(引)唎曳 1　阿(引)唎耶(二合)嚩底 2　阿(引)唎耶(二合)怒(上)揭帝 3　你驮(引)宁 4　你驮曩嚩底 5　嚩覩钵啰(二合)酪 6　嚩啰覩(二合)簸掣那(上)伽啰你 7　阿(引)伽(引)舍微输(引)驮你 8　阿怒去鋷(二合)簸你 9　阿宁去鋷(二合)簸你 10　阿微孽多钵啰酪 11　阿怒播孽(上)底你 12　涅畔(引)曩钵他微输(引)驮你 13　微耶(二合)波你去史(二合)钵底 14　阿怒播(引)那 15　宁路(引)驮播啰酪 16　萨嚩攘涅畔(引)曩(去)宁那啰(二合)舍宁 17

tad yathā ārya āryabati/āryānugate/nidhana nidhanabati/barto barto bartuba/cotnakaraṇi/ākaśabiśodhani/anukṣepaṇi/abigataparami/anupagatini/nirvāṇa avabiśodhani/byabanikṣibati/anutpada/piradhaparame/sarvañcanirvaṇa/sandhariśaṇi//

【疏】此说"以诸无量种种语言,分别解说此陀罗尼门,亦不能说此陀罗尼门断疑理趣百分之一,乃至俱胝百千算数及譬喻分",即说,依佛密意而作言说,无量言说不能及佛密意百分之一,为算数譬喻所不能及。以此之故,即知一切法异门皆有局限,是即不能依言取义来理解这些法异门,如果用《金刚经》三句义来显示,可以说为:是法异门,非法异门,名为法异门。

于佛经中,法异门甚众,所以必须通达诸法异门,然后才能离一切法异门的言说来理解佛密意,是故于一切宗见皆不能执著。应成派不立宗义,应敌宗义而成破,即是破一切言说的执著。

【正文】佛告无边庄严菩萨言:此诸陀罗尼印能清净句,异名说句。由受持此陀罗尼法门,以少功用,证菩萨位差别妙智,及近大悲。由随义觉,证得悟入一切法智。

无边庄严,此陀罗尼句是大良药,以能除破诸重病故,复能除灭无明无智极黑闇障,随顺明法圆满转故。

随何明法圆满而转，谓随顺明法智圆满故，而能现证宿住智明。随顺明法智善巧故，而得出生天眼智明。随顺舍离诸烦恼故，能现证得漏尽智明。由此复能获得一切所学波罗蜜多无上知见、一切智智见、一切智智地。

【疏】所说“此诸陀罗尼能清净句”，即是能清净一切句义；“异名说句”，即是由种种异名说句义。由是即知句与异名皆不能执著，否则即不清净。所谓出离，以此为要义。

【正文】无边庄严，汝观如来善能如许广大说法，于诸方便善巧圆满。无边庄严，如来如是成就大智，能善安住一切智智力无畏等，此无上宝藏，于无量俱胝那由他劫，所修善根之所积集。以是缘故，能善安住此诸法门。今为汝等成熟佛法，于法理趣出生善巧，开示演说此陀罗尼清净法品。若善男子善女人等，发心求趣大菩提者、而欲随我正修学者、于我法教欲拥护者、于诸如来无量法藏欲受持者，于此法中，当勤修习志乐精进，住不放逸，不著三界。于一切智智心作意善加持者、于诸色缘清净善巧善修习者、于受想行识清净善巧勤修习者、于实谛句出生清净勤修习者，于诸法中，应可乐求诸清净智。

【疏】上来总说三陀罗尼门的功德，鼓励学人修习此究竟广大法门。

【正文】无边庄严，由内清净故一切法清净、由内寂静故一切法寂静、由内寂灭故一切法寂灭、由内无所取故一切法无所取、由内不住故诸法不住、由内灭故一切法灭、由内无所作故一切法无所作、由内无来去故一切诸法亦无来去。无边庄严，此诸门句，令诸菩萨内清净转。由外本性无分别故，不起分别，然能受持清净陀罗尼门，舍离贪恚心，不贡高，为诸如来之所称叹，于诸众生最为殊胜，作无上主，当能证得无碍智说欢喜辩才，于前后际得清净智，能遍记别而能随念中道之性，及能证

得无生法忍，能证缘起愿殊胜性，及于诸愿能遍清净，当能遍持不共一切法智善巧，所发语言众皆信受，能于当来雨大法雨。

无边庄严，菩萨由得陀罗尼故，必定当证无生法忍，逮得一切法清净智，及能出生如是法智，谓一切法不生不灭；而复证得如是法智，谓虚妄生生不成就。不成就者即便散坏，散坏法者而无所趣，此一切法皆灭坏门。此灭坏门同无生相，若是无生彼即无灭。如实观察一切诸法，远离相已则不执著、则不戏论。

【疏】说观修者，须内寂静，亦即心识不落言说，尽离世间名言句义，如是即无所取，无所得；复须由外本性无分别故，于一切诸法不起分别，如是即成无分别。由无分别得大涅槃，由无所得证无上菩提。

【正文】无边庄严，此是诸菩萨无生智门善巧观察，而能入此诸陀罗尼，由是速能获无生忍辩才具足。尔时世尊欲重宣此义，而说颂曰——

【疏】下面偈颂重说本经密意，随文易知。读时可翻阅上面经文以作比较，并可参考笔者的疏释，以作温习。

【正文】若法虚妄生　　生已必灭坏
诸法离于有　　于谁可遍持
诸法既非有　　无有无可取
若法不可得　　于何而遍持
若不了诸法　　自性不可得
彼则行于相　　不得陀罗尼

【疏】抉择：一切诸法由虚妄而生，是即由二取显现、名言显现而生，其生不成真实，是可决定：诸法非有、无有无可取。

抉择：诸法无有无可取，是即一切诸法不可得，由是自性亦不可得。是可决定：于一切诸法，唯由其行相而得，因自性不可得故。是即空解脱门。

【正文】诸法如虚空　　由是说开示
虚空及开示　　二俱无所有
此二离于有　　诸法亦空无
如是解法者　　彼能获总持

【疏】抉择：一切诸法为识境，言说亦为识境，若诸法无有，言说亦当无有。由是决定：既言说无有，是即佛之所说，唯有密意为真实。得佛密意即得总持(陀罗尼)。

【正文】随觉无初始　　不分别中后
诸法离分别　　一切悉空无
若处无坚实　　不实亦非有
依诸法真理　　云何得遍持
如是了诸法　　自性无所有
我今略说彼　　得清净总持

【疏】抉择：总持为佛密意，是故真实，是即离三时分别。何以故？以真实故必无三时分别，不能说佛之密意有三时不同。决定：若有三时分别之法，必为言说，如相依、相对之法。由相依说：有子始有父，但若由相对而言，则父必先于子，此即有三时分别，故一切相依、相对诸法，必不真实。

【正文】诸法如虚空　　亦等于空旷
以慧常观察　　彼能获总持
诸法无所有　　不生亦不起
无有无可取　　此云何遍持
一切法无相　　自性无戏论

一切皆离相　　说法无所有
若能如是解　　一切法如理
彼则无分别　　而能得遍持

【疏】抉择：诸法既无所有，是即无有生起，由是即可决定一切法无相，以其所生起者即成为相，既无有生起，当然亦无有相。由是即知，可由离相而说法无所有，是即无相解脱门。

【正文】诸法以自性　　无故不可得
解了无有义　　彼成就总持
若如是观察　　一切法不染
智不分别空　　彼能持诸法
无常义空义　　苦义及厌离
若以慧了知　　彼智得增长

【疏】抉择：一切诸法既无所有，是即无染无净、无善无不善，由是不成分别。决定：观察智不分别空有，因已抉择不成分别故。既不成分别，即可由无分别而了知无常义、空义、苦义及厌离等，是皆言说，亦即施设，非佛密意。

【正文】示说无所取　　涅槃如理义
坚无分别意　　亦不分别法
由是能受持　　诸法不坚固
无有无所取　　寂静空难见
若解法已说　　于说不分别
无著无分别　　能持此法门

【疏】抉择：由无分别可决定无有无所取，是即决定由无分别得陀罗尼门。

【正文】若解了相已　能了于无相
彼亦于诸法　不起舍离想
彼能了此义　正觉之所说
善巧说秘密　彼能随我觉

【疏】抉择：既一切诸法无相，是即无可舍离。由是决定：对识境一切诸法，不应起舍离想，须无舍离而舍离，亦即不作意于舍离。

【正文】若如理观察　无量一切法
彼舍离诸量　能觉此理趣
若能观察法　无名及无相
能了达此义　彼能增长忍
诸愿与殊胜　及如理观察
所愿并诸色　不住能违彼
了此法门义　能如理观察
于诸法理中　彼亦无疑惑
若以慧观察　一切诸法相
决定解了者　彼则入无相
彼于此理趣　能了善安住

【疏】抉择：如何无舍离而舍离？对无名无相（离名言句义与离现象），能生法忍，是即能如理观察轮回界与涅槃界一切法，既观察已，即可决定无有轮回与涅槃分别，由是对轮涅即离希疑，是即无愿解脱门。

抉择无愿解脱门，则能入究竟无相，是即名言句义尽，一切诸法相亦尽。是为究竟决定。行者即于此决定中安住，复由观修而得现证果。

下面颂文即说此现证果，随文易知，不复诠释。

【正文】如是无畏者　能速证佛法
于法不戏论　平等无分别

了法相应已　　于厌离无惑
于灭不分别　　蕴尽寂静义
彼于法平等　　得如理辩才
能修习慈悲　　利益诸众生
善住相应者　　彼觉了无上
若离众生相　　能了法无我
法无戏论义　　如理不戏论
若闻此法已　　能速得净信
彼当见正觉　　弥勒两足尊
彼令我欢喜　　于此众会中
若有闻此法　　彼能作贤爱
敬爱如来者　　是则无破坏
由闻此法已　　能为善贤爱
若于贤劫中　　欲见诸如来
修学此法门　　能令诸佛喜

【疏】下面出两净土，一者，西方无量寿净土；二者，东方阿閦佛净土。观修此陀罗尼门，可以用无量寿佛（即阿弥陀佛）或阿閦佛（建立为金刚萨埵）作本尊而修，其净土即是坛城。

【正文】无量寿威光　　阿閦大名称
若欲见彼者　　当学此法门
若欲成菩提　　寂静最胜法
或求转轮位　　当学此法门
若乐求最上　　善巧总持门
当于此法学　　常应不放逸
若欲成广大　　最上殊胜愿
求证菩提者　　当学此法门

此经之所说　陀罗尼法门
能开示诸法　此印最无上
诸法内真实　以总持开示
此虚空法门　善决无边义
所说诸善门　此法能开示
总持义善巧　陀罗尼力故
总持说为慧　能持一切法
总持义善巧　以慧能了知
于此异多释　已善说佛法
以义正开示　无上菩提分
差别智善巧　于斯正开示
若于此法学　证无上菩提
于此教开示　无上善法门
得方便智已　应当说此法
未曾说诸法　此无上种性
于此义当学　开示甘露句
智者若欲求　诸佛无碍慧
若于此义学　当获最上智
我于往昔时　无量无数劫
若不学此法　不证寂理趣
由我曾供养　无量百千佛
为是能了知　说此无上法
我为诸众生　作无边义利
汝等应当作　得此陀罗尼
若能了知此　陀罗尼门印
智者由一句　能入此法门
我智慧无上　亦无有数量
由我具智蕴　能开示此法

智者于此求　随觉菩提义
于此义法门　无畏当勤学
智者若欲求　广大智慧性
于佛生尊重　当学此法门
若欲转法轮　及吹大法螺
智者应如理　当学此法门
若欲放光明　普照无边际
求于佛法时　于此如理学
于天人世间　若欲为上首
彼可学此经　决定一切法
欲求广大智　发起诸功德
乐求佛慧时　于此应随学
欲开示法门　乐求于最胜
无戏论佛智　于此义当学
若欲乐开示　无碍智所说
修学此法已　应说甘露句
若欲照俱胝　无量无边界
彼等于此教　应当善修学
此无上法门　能净除诸法
一切法清净　于此经中说
种智两足尊　演此广大法
于为菩萨说　此经最无上

〔后分〕

【正文】佛告无边庄严：是故诸菩萨，于此法教生爱乐已，为摄此法令久住故，复为哀愍诸众生故，于此法教应当书写、受持、读诵。无边庄严，若复有人，于彼时中闻此法已，于如来所，以爱乐心而常思念，彼诸人等，当得如来无边法藏诸陀罗尼，辩才具足，于一切法速得自在，能具摄受不可思议佛刹庄严(之)声闻、菩萨。

【疏】此为嘱咐。

【正文】无边庄严,若诸菩萨住一切法无戏论者,由陀罗尼清净门故,此诸法门常得现前,皆能摄受无量不可思议殊胜功德。

无边庄严,此是第三陀罗尼门清净法品。无边庄严,于彼后时,若有菩萨,欲随我学此陀罗尼法门者,当亲近善友,远离恶友。为遍拥护此诸法门,当舍身命受持陀罗尼清净法印。譬如迦利邸迦月圆满时,光明照耀,于众星中最为殊胜,如是此陀罗尼印三品,摄受所有法门亦复如是。于一切契经中,此法光明最为殊胜,一切菩萨皆大尊重故,能出生无量辩才。

此无量辩才,应知即是不放逸地,何者是于不放逸地,谓于此法作意思维,如理观察,不生妄念,如是能令遍忍清净。

若诸菩萨精勤志求不放逸者,于此法门应善修习,为令此法得久住故,心常谦下,尊重于法,书写经卷,不离身手。见有志乐希求法者、发心趣向大菩提者,应当为彼开示、流布、教授、读诵、书写经卷,乃至随义而为解释。如其受持所有法门不应藏匿,愿诸众生得此无上佛法利益,我等当令一切众生于诸佛法常不缺减。如是菩萨,于法无悋,常乐施人,于义不秘,尽皆为说,无少法门而不开示。无边庄严,应为利益安乐诸众生故,汝当受持此法门品陀罗尼门能清净句。

【疏】此重作嘱咐,并说修习者当亲近善知识,舍身命受持陀罗尼清净法印。

【正文】尔时,世尊复告尊者阿难陀曰:汝当受持此法门品。我诸弟子承事我者,亦当受持如是经典。

时阿难陀白世尊言:以佛神力,我已受持。我由成就此法门故,无量法门皆得现前。

佛言：阿难陀，如是如是，如汝所说。由佛威力及此法门遍清净故，诸有受持此法门者，及亲事我能受持者，无量法门皆得现前。是故，阿难陀，汝当受持如来法教无量法藏。

说此法时，于众会中，无量菩萨即便获得大法光明。得法光故，无量诸佛所说法门皆得现前，及得近于一切智智，如所乐求，胜愿庄严悉能成就。

【疏】释迦告阿难陀尊者，受持法门，是嘱咐小乘弟子当受此陀罗尼门；菩萨得大法光明，是菩萨已受此陀罗尼门。此即声闻、缘觉、菩萨三乘归于一乘之义。一乘名一佛乘，是即不二法门，如来藏法门，无上瑜伽密续建立为大圆满法门。

【正文】阿难陀，汝观诸法本性甚深，如是如来能于无名相法作名相说，又能开示诸法本性，亦复净除，令见清净。虽说诸法，无法可说，亦无能说。

佛言：阿难陀，若能如是观诸法性，便得发生无量智慧。

说此法时，无数菩萨证无生法忍；无量众生发阿耨多罗三藐三菩提心，于阿僧祇劫当证无上正等菩提，复能出生无量辩才。尔时，世尊加持此陀罗尼门，放大光明，其光普照无量无边诸佛世界。由此光明，彼诸世界所有菩萨，皆悉得闻此陀罗尼，闻此法已，能遍成熟菩提法分。于彼复有无量众生，皆发阿耨多罗三藐三菩提心。当于尔时，一切众生皆得安乐。是时复有诸天，雨天波头摩华。于大众会诸菩萨中，唱如是言：愿一切众生得佛智慧。

【疏】说此法门能周遍无量无边诸佛世界，是即超越时空之义。

【正文】尔时，无量辩才菩萨白佛言：世尊，当何名此法门，我当云何奉持。

佛告无量辩才菩萨言：此法门名陀罗尼王，亦名陀罗尼印，亦名三

品所摄善巧。汝当受持，此是无边辩才，摄一切义善巧法门。由此法门，而能照了一切诸法，断一切疑。是故诸菩萨于此法门，应当奉持。

尔时一切大众，为供养法故，以五色华散于佛上。佛说此经已，诸菩萨摩诃萨一切众会，及天人阿修罗乾闼婆等，闻佛所说，皆大欢喜信受奉行。

【疏】最后，由无量辩才菩萨问佛，以无量辩才即是无量言说故，明三陀罗尼亦是言说，由言说能显示密意，即是由识境能显示智境。此如，由荧光屏上的影像能显示荧光屏的功能（喻为如来法身功德）；影像世间即可由此功能见荧光屏（喻为由如来法身功德见如来法身）。由此譬喻，即知何以本经着重于"无量辩才"。无量辩才与无边庄严实为同等，同是智境上的识境随缘自显现。

后　说

全经说三陀罗尼门，以无上陀罗尼门为基础，观修时即依此陀罗尼门所说见地，而作抉择及决定。由观修得次第决定，至究竟决定时，复由观修而成现证。于观修，说为出离陀罗尼门，出离一切诸法自性，出离一切诸法相，出离一切名言句义，然而却须知佛密意，由不作意舍离而成舍离，此由究竟决定而得。说之为“尽”，“尽”的意思是无须作意而成舍离，上面已举例言，人于少年，即童年尽；人于青年，即少年尽，如是等等，皆自然而然，未尝有丝毫作意。必须无作意而成出离，始能得清净陀罗尼门果。所谓清净，即由无自性、无相、无厌离而成清净，亦即离识境、名言句义，离现象的性相，能入智识双运的境界，始能名为清净。此智识双运境界，即妙吉祥菩萨所说的不二法门，亦即如来藏。

于本经中，未出如来藏之名，但其密意实说如来藏。学人若但执言说，不深求佛的密意，便可能起诤论，说本经三陀罗尼门非说如来藏。复次，对密乘有偏见的学人，亦可能因三陀罗尼门皆有密咒，于是轻视本经，这两种情形都成对如来藏的诽谤。若去除偏见，则知本经实有甚深密意，此如说一切诸法本性自性，由是始可说为空性，是即超越一般的说法“无自性空”，同时更能令学人理解“缘生性空”的深密意，亦必须如此，才能依弥勒的瑜伽行作观修，因为弥勒瑜伽行有善取空与恶取空的分别，倘对“无自性空”或“缘生性空”理解错误，必落入恶取空，是则无法依弥勒瑜伽行观修，而且对此法门亦成诽谤。这对学人来说，是非常危险的事。倘若更依自己的偏见来教导后学，佛已斥之为“一盲引众盲，相将入火坑”。

对本经略作疏释，不详细诠说经中的名相，对初学者来说，或许有所不便，但笔者的疏文，已尽量引出佛说的密意，期望读者思维这些密意，对名相则不必过分注意。此处有笔者的苦心所在，纵有不便，亦祈原谅。

更者，笔者所说密意，或有疏漏，则祈通达如来藏思想的学者予以赐正。密意难知，尤其本经的密意甚为深密，以笔者之浅陋，未必全能了知，所以期望赐正，并不是一句客套说话。笔者发心弘扬如来藏思想，实在希望能得信解如来藏思想的学者合作，共同完成匡扶如来藏此佛家究竟见的事业。

图书在版编目(CIP)数据

《无边庄严会》密意/谈锡永著. —上海：复旦大学出版社，2014.6(2024.10 重印)
(佛典密意系列)
ISBN 978-7-309-10582-7

Ⅰ. 无… Ⅱ. 谈… Ⅲ. 密宗-佛经-注释 Ⅳ. B946.6

中国版本图书馆 CIP 数据核字(2014)第 078405 号

《无边庄严会》密意
谈锡永 著
责任编辑/陈 军

复旦大学出版社有限公司出版发行
上海市国权路 579 号 邮编：200433
网址：fupnet@fudanpress.com http://www.fudanpress.com
门市零售：86-21-65102580 团体订购：86-21-65104505
出版部电话：86-21-65642845
上海华教印务有限公司

开本 890 毫米×1240 毫米 1/32 印张 4 字数 102 千字
2024 年 10 月第 1 版第 4 次印刷

ISBN 978-7-309-10582-7/B · 500
定价：18.00 元
